AUTISTICAMENTE INCREÍBLE

Copyright © 2020 Ericka Wharton

ALL RIGHTS RESERVED. No part of this book may be reproduced, distributed, or transmitted in any form or by any means, including photocopying, recoding, or other electronic or mechanical methods, without the prior written permission from the author and certain other non-commercial uses permitted by copyright law.

Ordering Information

Special discounts are available on quantity purchases by corporations, schools,

libraries, and others. For details, contact the author.

Library of Congress Cataloging- in-Publication has been applied for.

ISBN-13: ISBN: 978-1-7346503-2-7

ISBN-10: 1734650327

PRINTED IN THE UNITED STATES OF AMERICA.

Tabla De Contenido

Capítulo 1: **Aceptación** *"Aliviando Tu Mente"* 1

Chapter 2: **Signos, Síntomas Y Sensoriales** *"Cómo Se Ven Los Comportamientos"* 9

Capítulo 3: **Miedos Parentales** *"No Estás Solo"* 15

Capítulo 4: **Necesidades Y Deseos** *"Diferencias Entre Necesidades Y Deseos"* 19

Capítulo 5: **Cómo Se Sabe Que Funciona El Cerebro** *"Funcionamiento Ejecutivo"* 23

Capítulo 6: **Pasos Importantes A Tomar** *"Cosas Para Hacer"* 31

Capítulo 7: **Estrategias E Intervenciones** *¿Cuáles Son Los Más Efectivos Y Utilizados? "* 57

Capítulo 8: **Programas / Servicios Útiles** *"Redes E Investigación"* 63

Capítulo 9: **Metas Comunes Para Trabajar** *"Metas Más Eficaces Y Apropiadas Para Enfocarse"* 71

Capítulo 10: **Niveles Diferentes** *"Dependiendo De Los Comportamientos Y Sensoriales"* 75

Capítulo 11: **Identificación De Crisis** *"Qué Antecedentes Tuvieron Lugar"* 85

Capítulo 1 2: **Planes De Comportamiento / Gráficos** *PECS* 97

Capítulo 13: **Escenarios / Estudios De Caso 1** *"Estudiante Elemental Agresivo No Verbal / Físico"* 101

Mi Viaje Colaborador: Resultados Y
Atributosprofesionales 111

Conclusión 117

Apéndice: Términos / Definiciones Importantes............... 119

Referencias 123

Biografía del autor

Ericka Wharton es un especialista en comportamiento con licencia con licencia de la Junta de Medicina del Estado de Pennsylvania. Ericka es de Norristown, Pensilvania, y proviene de una fuerte unidad familiar que muestra amor y apoyo. Ericka tiene cinco hermosos hijos, de los cuales el más joven fue diagnosticado con TEA y TDAH, y esto hace que Eric k sea su defensor más fuerte. También atribuye a su correo años de experiencia Leven como una licencia del Comportamiento Especialista. Ericka se complace en ayudar y cerrar las brechas entre familias y profesionales para los niños que han recibido el diagnóstico de TEA.

FOREWORD

Tengo el honor de escribir este prólogo, no solo porque Ericka Wharton ha trabajado para mí como Especialista en comportamiento con licencia durante los últimos tres años, sino también porque Ericka ha sido un colaborador exitoso y profesional en el campo de Servicios Humanos por más de 18 años. Ericka Wharton es calificado para escribir autísticamente impresionante no sólo por su experiencia profesional s durante los últimos 11 + años, pero debido al hecho de que ella tiene un hijo que es diagnosticado con autismo, que se puede compartir volver al experiencias de vida, tanto en A nivel personal y profesional.

Autísticamente Increíble es una lectura excelente que es ingeniosa y extremadamente informativa sobre el trastorno del espectro autista. Ericka Wharton ha hecho un trabajo tremendo al capturar hechos importantes, en base a sus compromisos e interacciones cercanas con muchas personas que son diagnosticadas con trastorno del espectro autista. Ericka continúa apoyando y exponiendo información importante para los lectores y la audiencia con respecto a temas que van desde lo que sucede cuando un niño no cumple con los hitos del desarrollo hasta la obtención de servicios para un niño o joven hasta la edad adulta a quien se le diagnostica esta excepcionalidad.

Ya sea que usted sea un cuidador o un profesional que esté buscando información sobre una persona a la que se le diagnostica un trastorno del espectro autista, este libro lo ayudará a *"aliviar su mente"* al permitirle eliminar la culpa que pueda tener, para que pueda seguir cuidando. para un N e individuales excepcional con necesidades especiales , o si usted es un profesional en el humano Servicios Field; buscando estar más informado sobre el autismo, que este libro educativo "Autísticamente Increíble " cubre los pasos importantes que necesita saber al comprender o confirmar que la persona es diagnosticada con trastorno del espectro autista.

Autísticamente Increíble es una lectura fácil porque va directo al grano, usa un lenguaje que los lectores podrán entender, la información es relevante debido a la gran cantidad de niños que actualmente están siendo diagnosticados con autismo, y una vez que comienza a leerlo No querrá dejarlo. Si no sabe mucho sobre el trastorno del espectro autista, le recomiendo que disfrute de este libro para que pueda familiarizarse con el diagnóstico.

Avia Tomlinson, M.Ed, LPC, Directora del programa

Capítulo 1
Aceptación
"Aliviando tu mente"

Cuando el desarrollo y los hitos de un niño no se encuentran dentro del rango esperado durante las etapas de la infancia y la infancia, hay una variedad de factores que incluyen; La falta de sensibilidad sensorial, estimulación y preocupación, así como la falta de habilidades sociales apropiadas para la edad, pueden identificarse como posibles características de estos bebés y niños pequeños. Dependiendo de las preocupaciones que existen, el padre o tutor legal también conocido como el cuidador del niño puede necesitar consultar a un profesional Ly licencia individuo que se especializan s en pediatría y Adole desarrollo aroma para obtener ayuda. Esta persona podrá recomendar pasos y evaluaciones apropiadas para determinar los servicios disponibles para ayudar al niño. Al asociarse con alguien con experiencia en esta área, los cuidadores pueden evitar comparar a sus hijos con otros niños. Un niño con trastorno del espectro autista (TEA) no debe compararse con otros niños; Sin embargo, es a veces ayudan a cumplir para analizar el tren d s de diferentes comportamientos, teniendo en cuenta que cada individuo típicos y atípicos debe ser individualizada.

P enviaban s se les dice repetidamente por los que les rodean, "DO N OT se eche la culpa!" Aunque es común que los cuidadores para poner culpa sobre sí mismos, que también deben conectarse con los servicios locales, grupos de apoyo, y otros padres. El trabajo en red, la investigación y el intercambio de datos con otros aumentan la base de conocimientos del cuidador y maximiza sus oportunidades de encontrar algo que ayude a su hijo. Cuando las personas con situaciones similares se reúnen, las preguntas comienzan a suceder. Q preguntas arise porque las personas quieren validar lo que sienten es exacta. Algunas de las preguntas habituales son: ¿Soy ASD genético o ambiental? ¿Es de inmunizaciones? Donde se originó? Las preguntas son infinitas, especialmente cuando la persona afectada es su hijo u otro miembro de la familia.

En la sociedad de hoy, hay muchos argumentos y desacuerdo con respecto a los niños que son diagnosticados con una y de las excepcionalidades que existen, especialmente la excepcionalidad de TEA. Trastorno del espectro autista se ha vuelto muy amplia y en - la profundidad. El DSM V (Manual diagnóstico y estadístico de trastornos mentales), 5ª edición (2013) analiza una variedad de deficiencias y comportamientos. Entre los comportamientos discutidos se encuentra la falta de compromiso, habilidades sociales, contacto visual y habilidades de comunicación exhibidas por personas con TEA.

Argumentos sobre la origina iones y establecen con de los TEA continuará. W a sea o no evolucionado de ASD del medio ambiente, genética, o vacunas administradas a los lactantes y niños pequeños sigue siendo desconocido bebido a la investigación es incompleta . Los argumentos son continuos y alimentados por las opiniones personales de los individuos. R adre de centrarse en su originarse de iones, el enfoque debe ser sobre las estrategias apropiadas, tratamiento y servicios que permitir ª ose diagnosticado con TEA a la función en su vida cotidiana.

Es beneficial profesión aliado y personal mente a establecer una relación con los niños que son diagnosticados con TEA.

¡Los diagnósticos múltiples que incluyen un diagnóstico de TEA pueden ser muy desafiantes para un padre o cuidador, pero nunca deben rendirse! Se puede encontrar ayuda con las investigaciones y recomendaciones adecuadas. Cada segundo, minuto, hora, día, semana, mes n °, y el año trae nuevas experiencias que permitir el padre o cuidador para añadir a su conjunto de habilidades y la convierten en expertos s en las estrategias apropiadas ASD. A medida que los niños crecen, sus necesidades y rutinas diarias cambiarán, lo que requerirá ajustes por parte del cuidador.

Al escuchar el diagnóstico de autismo, los padres tienen muchas preguntas: W sombrero debería pensar? ¿Cómo debería sentirme? ¿Qué debo esperar? ¿Cómo me ayudará a mi hijo? ¿Qué pasos debo tomar? Estas son preguntas válidas cuando se piensa en el diagnóstico de TEA. Sin conocimiento previo o la comprensión de ASD, las personas pueden experimentar algunas luchas, ansiedad, desafíos y frustraciones. Aprender a comprender y manejar a un individuo (s) que exhiben comportamientos específicos que un niño con TEA muestra diariamente es un desafío.

Algunos cuidadores pueden no estar de acuerdo con el diagnóstico de trastorno de espectro autista de su hijo. A pesar de un niño 's capacidad para superar las expectativas académicamente, interactúan bien con otros, y seguir las instrucciones, él o ella todavía puede ser un candidato electrónico para un diagnosis de TEA. T a su hijo podrías ser categorizad un funcionan. Los niños en esta categoría aún pueden enfrentar desafíos con berrinches, crisis o problemas sensoriales (tacto, gusto, vista, sentido u olfato).

Si un niño recibe el diagnóstico de TEA, muchos factores han sido documentados por una licencia profesional que sentían los resultados indicaron que el niño f codo con el de los necesarios niveles para hacer un ASD diagnóstico.

Puede ser difícil para un cuidador sin conocimiento del trastorno del espectro autista a un aceptar TEA diagnosis. La aceptación de los medios de diagnóstico de TEA aceptar que un niño le falta en el desarrollo ción de habilidades sociales y de afrontamiento. Los niños con TEA pueden retirarse a sí mismo y tener deficiencias sensoriales. T él y puede tener comportamientos de hiperactividad e impulsividad, así como coherentes y movimiento repetitivoss .

El trastorno del espectro autista es un diagnóstico de por vida que no es curable. Es importante entender cómo guiar e implementar estrategias e intervenciones apropiadas que funcionen para cada niño. Degún la forma de un niño piensa y comportamientos pantallas específicas, los cuidadores pueden aplicar apropiadas expectativas con el uso de ayudas visuales.

Se pueden tomar algunos pasos durante y después del proceso de diagnóstico. Después de reci ing preocupaciones de un profesional con licencia, familiares o amigos o recomendaciones para la alternativa de colocación educativa, o incluso si ellos tienen la especulación, un padre o cuidador debe considerar hacer lo siguiente:

- I f del niño es 0 - 3 años de edad, llegar a las intervenciones tempranas.
- I f del niño es de 3 - 5 años, llegar a su Unidad Intermedia locales.
- Después de completar un cuestionario completo para los padres s, guardería, o un ambiente educativo, se completará una ingesta.

- El cuestionario será revisado por un profesional con licencia y se programará una cita.
- En la cita, el niño será observado b y una ocupacional terapeuta, habla terapeuta, físico terapeuta, así como un psicólogo.
- Algunas de estas personas visitarán el hogar del niño para observar y revisar el cuestionario antes de su cita en la Unidad / ubicación Intermedia local.
- El padre o cuidador recibirá un IFSP / IEP (Plan de Servicio Familiar Individualizado) o (Plan de Educación Individualizado) con diagnóstico. Después de reci ing el diagnóstico, el niño puede comenzar a recibir los servicios elegibles y citas adicionales se pueden configurar.
- El cuidador debe localizar a un pediatra del desarrollo para que pueda seguir el desarrollo del niño.
- Si el niño tiene problemas o problemas de comportamiento, las agencias locales pueden ayudarlo con los servicios integrales. Se programará una evaluación ampliada y proporcionar al niño con los servicios que utilizan sus observaciones y la información dada por el cuidador.
- Si el niño tiene dificultades con las terapias físicas, ocupacionales y del habla, el cuidador puede utilizar GOOGLE establecimientos locales para terapias ambulatorias, como TheraPlay.
- Será de gran ayuda para n con otros padres en loc un l s poyo grupos, medios de comunicación social, o bibliotecas locales.

- La asistencia psiquiátrica también está disponible Si el niño necesita medicamentos administrados, se debe hacer una cita para hablar con el personal educativo. Medicamento (s) puede ser requerido para el niño si tienen niveles moderados a severos de ser hiperactivos, no cumplen las normas, el estado de ánimo y, o cualesquiera otros comportamientos relativos.
- Para garantizar una atención continua, el cuidador debe hace citas apropiadas.

Hace citas con los muchos profesionales mencionados anteriormente pueden ser repetitivo, pero es necesario para asegurar que todos los restos en la misma página. La mayoría de los profesionales todavía están investigando TEA y le preguntará acerca de la familia de la historia del XX e individual. El padre o el cuidador pueden preguntan un alguna de las siguientes preguntas con respecto a la historia del individuo:

- Lesiones en la cabeza?
- S urgencias?
- Convulsiones?
- ¿Lesiones graves?
- Dolores de cabeza continuos?
- Corazón, el oído, o vis i en temas?
- Alergias?
- ¿Problemas de alimentación digestivos o nutricionales?
- Problemas gastrointestinales?
- ¿Problemas dentales o respiratorios?

- Problemas neurológicos?
- Célula falciforme o algún problema médico adicional?

El proceso puede ser largo y el drenaje, pero la información recopilada será valioso para los expertos. Autismo Spectrum D NFERMEDAD es muy amplio, y su complejidad sigue creciendo. L gane qué esperar después del diagnóstico de TEA y aceptar comentarios de los demás va a aumentar los conocimientos y habilidades del cuidador.

Chapter 2
Signos, síntomas y sensoriales
"Cómo se ven los comportamientos"

El alcance de un diagnóstico de TEA es más amplio en el DSM V (Manual de diagnóstico y estadística 2013) que en el DSM IV (Manual de diagnóstico y estadística, 2000). T aquí son muchas etapas y niveles de TEA, que está determinada por los comportamientos del individuo, las habilidades sociales, compromiso, y las habilidades sensoriales expuestas.

Muchos factores y comportamientos son el foco al observar y diagnosticar el trastorno del espectro autista. Profesionales de la salud son desafío d con los niveles de categorización ASD en individuos con base en la gravedad de cada mala conducta y falta de habilidades sociales, límites, proximidad, así como una va riedad de comportamientos no conformes . Estos comportamientos incluyen, entre otros, negarse a cumplir con las directivas y ser retirado.

A continuación se enumeran los comportamientos que puede mostrar una persona con TEA. Esta lista puede ser útil para confirmar y comprender el motivo del diagnóstico. Toda la SE comportamientos son conocidos para ser mostrada por los niños con trastorno del espectro autista. El nivel varía con cada individuo y con frecuencia dependen s sobre los desafíos que enfrentan. Antecedentes o factores desencadenantes qué no tienen que ocurrir para el comportamiento t o producirse. El comportamiento se puede mostrar en cualquier frecuencia, duración o intensidad.Los tipos de antecedentes o desencadenantes que pueden ocurrir o lo que se observó en muchas ocasiones fueron; si otros estaban haciendo contacto visual cuando un individuo estaba teniendo un momento difícil, actividades o tareas no preferidas en las que el individuo no quiere participar porque no tiene ningún interés, estado de ánimo, distracciones, etc. Cualquier cosa puede ser un desencadenante, solo tiene que estar preparado para participar y reducir la escala cuando los comportamientos de ese individuo se intensifican y se vuelven incontrolables como resultado de cualquier antecedente o desencadenante. La mayoría de las veces o alrededor del 40% de las veces, los antecedentes no se conocen de inmediato. Se necesitan múltiples estrategias para usar cuando se alienta a las personas a abrirse y a autorregular sus pensamientos y sentimientos, así como a que la persona pueda utilizar (ejercicios de respiración profunda, habilidades para resolver problemas, así como usar visuales) para ayudar con auto-calma y volver a la tarea. Es importante documentar estos comportamientos con (frecuencia = con qué frecuencia, duración = cuánto tiempo e intensidad = leve, moderada o severa) para que todo pueda ser rastreado y documentado para un tratamiento adecuado y eficiente.

Al confirmar sus especulaciones, ya sea una persona que no ha sido diagnosticada, o en el proceso de ser diagnosticada con trastorno del espectro autista, a continuación hay una lista de comportamientos conocidos que pueden confirmar las razones por las que pueden ser diagnosticados con ASD en función de algunos o la mayoría de estas características.

Falta de habilidades sociales Acumulación
Comportamientos inapropiados Golpearse la cabeza / Golpearse la cabeza
Incapacidad para usar gestos Argumento / Defensivo
Caminar de puntillas Rabietas / Meltdowns
Agitación inquieta (física / verbal)
Parpadeo ocular / temblores Sin contacto visual
Problemas de cumplimiento No a poca atención - Alcance
Nervioso / paranoia Se niega a seguir las instrucciones
Impulsividad Deficiencias sensoriales
Hiperactividad Incapaz de aceptar críticas
Incapacidad para procesar información Pierde interés fácilmente
No toma posesión / responsabilidad personal Movimiento repetitivo
Fijación o preocupación Dificultad con transiciones
Elopement / Escape / Avoiting Mordiendo
Rechinar dientes rascarse / pellizcar
Incapaz de aceptar cambios Comportamientos autolesivos
Mostrar comportamientos inseguros / berrinches sin miedo / crisis
Incapacidad para autorregular pensamientos y sentimientos Arrebatos
Golpear la barbilla (sentir sensación de vibración) Escape / Evitación

Rabietas y crisis

Aunque a menudo se usan indistintamente, los berrinches y las crisis son dos comportamientos diferentes que las personas con TEA exhiben cuando están teniendo un momento desafiante. Los individuos que tienen ASD pueden mostrar estos comportamientos cuando están teniendo un momento desafiante, son incapaces de expresar pensamientos y sentimientos, son no permitidos utilizar un objeto preferido, o están mostrando la atención - la conducta de búsqueda. Rabietas y colapsos pueden ser provocados por un individuo que va a través de diferentes etapas de una crisis. A veces, las personas con TEA tienen rabieta s o colapso s cuando se sienten frustrados con la incapacidad de verbalizar o auto - regulan sus pensamientos y sentimientos.

Los berrinches son comportamientos en los que un individuo con TEA reacciona a una instrucción específica o se niega a cumplir con intervenciones o estrategias. Las rabietas suelen durar de 5 a 20 minutos. Cuando una rabieta excede ese período de tiempo, se intensifica en un más grave comportamiento conocido como un *colapso.*

Deshielo s duran más largos períodos y con frecuencia resultan en destructivo comportamiento. Una agresión: tanto física como verbal, la evitación y la fuga son comunes durante una crisis. No hay un tiempo establecido para un individuo que está experimentando un colapso; Sin embargo, por lo general duran de 30 minutos a varias horas s dependiendo de la razón el individuo es incapaz de auto - regulan sus pensamientos y sentimientos.

Durante las rabietas y la fusión d propietaria, que es esencial para documentar y registrar la experiencia, mientras que la observación de la persona. Usar un temporizador puede ser útil para rastrear la duración de un berrinche o una crisis. Notas siempre deben ser toman n de la razón de la rabieta y / o fusión se produjeron. A veces, la re va a ninguna t ser un gatillo, pero el individuo es incapaz de situaciones específicas mango. Documentar la frecuencia, duración e intensidad permitirá que los padres compartan la información con los otros miembros del equipo de atención. El personal escolar, los administradores de casos del IEP (Plan de Educación Individualizado) , así como los familiares y / o amigos deben ser conscientes de estos berrinches para que todos puedan implementar estrategias e intervenciones apropiadas y efectivas .

Capítulo 3
Miedos parentales
"No estás solo"

Existen temores de los padres cuando se trata de entender el diagnóstico de TEA. Algunos cuidadores pueden experimentar altos niveles de ansiedad porque no saben cómo pensar, qué pensar o cómo reaccionar. La principal preocupación de los padres es que se hará cargo de su un niño autística si algo le sucede a la m.

Para disminuir los altos niveles de ansiedad y frustraciones, los cuidadores deben ser capaces de aceptar, comprender e investigar el diagnóstico. L gane ing cómo transferir las habilidades apropiadas y ayudar a la niño (s) en la adaptación ing a su / su entorno (hogar, la comunidad, y la escuela) con el uso de estrategias e intervenciones facilitará el cuidador ' s aprehensión por TEA.

No son preguntas que pueden surgir cuando el cuidador empieza a pensar, tales como:

- ¿Quién va a cuidar de mi hijo si algo suceda s conmigo?
- ¿Cuáles son algunas cosas que se pueden configurar para mi hijo en caso de que me pase algo?
- ¿Qué puedo hacer ahora?
- ¿Con quién residirá mi hijo?
- Do it mi hijo a entender su diagnóstico y los servicios que están recibiendo?

- ¿Cómo puedo preparar a mi hijo?
- ¿Mi hijo podrá sobrevivir sin mí?

Modelo es implementación de estrategias e intervenciones eficaces, además de negarse a coddle bebé o el individuo, puede establecer una base sólida para el éxito debería persona distinta de los padres ha ve para proporcionar atención en el futuro.

P participación PATERNO en la vida del niño es fundamental. El objetivo final es enseñar y preparar al niño para la independencia mediante la implementación e incorporación de actividades independientes y realistas que realizará diariamente.

Habilidades y responsabilidades importantes

Habilidades para la vida

- Limpieza, cocina y lavandería.
- Higiene, cuidado personal, y el aseo personal
- Schedul ING citas
- Daily medicación
- Un acudir y PARTICIPAC ING en grupos
- Participación de la comunidad / voluntariado
- Comunidad -based programas para las personas con TEA
- Ganando dinero y la administración del dinero
- Encontrar a la comunidad - programas basados para niños excepcionales

Cuanto más el niño se permiten a aprender a ser responsables, más suave será la transición a la independencia será. Los padres se sentirán aliviados al presenciar los hitos de sus hijos. I t se convertirá en una tarea diaria natural para el niño para completar la tarea s y / o asistir a eventos. Esto implica poder comprender las rutas de transporte público, las rutas para caminar, administrar medicamentos a diario y estar inscrito en un programa de trabajo o carrera.

Capítulo 4
Necesidades y deseos
"Diferencias entre necesidades y deseos"

Necesidades

Las personas diagnosticadas con una Autismo Spectrum Disorder, al igual que todos los individuales s, requieren fiable, cariñoso, acogedor, nurtrin, y consisten t personas en sus vidas. Los niños que están en el spectrum deben tener popa, nutrir las personas que son dignos de confianza y capaz de desarrollar una relación positiva w hile ofreciendo un entorno estructurado.

Sin consistencia, los individuos con ASD se caen de f tarea y no serán capaces de tareas / actividades completas al día. Por lo general, cuando un individuo en el spectrum qué no tienen una rutina o individuos son incapaces de proporcionar la mesa de la vida diaria, t él y regresión o sus necesidades están no se reunió. Cuando una regresión individuo, el cuidador o profesional tiene que encontrar formas alternativas para ayudar a estas personas en poder volver a la pista.

Quiere

Es evidente por los altos niveles de comportamientos no conformes que se muestran, los individuos con TEA quieren tener el control de todo. Sienten que tener el control les da poder; sin embargo, ellos no entienden que todo lo que quieren es que no siempre es bueno para ellos. Las personas con TEA no siempre quieren cumplir con las instrucciones dadas. Esto es el resultado de estar en un estado mental diferente cognitivamente. El cuidador no debe dar a las personas con TEA lo que desean debido a su extrema preocupación y fijación.

Los deseos no son necesarios. I n la vida ASD, una larga lista de necesidades existe que requieren s la atención del cuidador. Los deseos son cosas que el cuidador no puede controlar, pero la implementación de expectativas es útil. El individuo con TEA aprenderá a comprender y ser consciente de sus responsabilidades y deberes. Si las expectativas no son implementadas por la edad de dos años, los niños con TEA se tienen dificultades para funcionar en su vida diaria. Ellos tendrán que luchar con cumplir a la palabra " no".

Es vital comprender y distinguir entre las necesidades y los deseos de alentar las respuestas apropiadas individuales de ASD a la autoridad.

Hay muchas cosas que una persona con TEA necesita para progresar en cualquier entorno. Algunas *necesidades* son, pero no se limitan a;

- R outine
- Consistencia
- Recordatorios
- artículos preferidos
- alimentos s
- tiempos de alimentación y etc.

Al tener las necesidades mencionadas anteriormente con el individuo con TEA, estos elementos guiarán y prepararán al individuo para aprender una rutina, familiarizarse con ella y ayudarlo con una transición más suave.

Quisquillosos para comer

Este puede ser uno de los temas de discusión más desafiantes, cuando se trata del trastorno del espectro autista. La búsqueda de una variedad de alimentos para estas personas puede ser difícil. ¡No estás solo! Algunas de estas personas luchan y no pueden procesar la apariencia, sensación, olor o sabor de ciertos alimentos, con lo que rechazarán cualquier contacto. Hay w ay s en la que estos individuos son capaces de aprender a adaptarse a alimentos específicos o un horario de alimentación al tener una combinación de; opciones de alimentos preferidos y opciones de alimentos no preferidos. Cuando creatina y establecer un programa, sea seguro incluir, al menos dos comidas regulares (desayuno y almuerzo o almuerzo y cena) y dos meriendas que se implementan. Esto lo harán ambos; exponga a estas personas con las opciones de alimentos no preferidos y preferidos, así como con el procesamiento sensorial que no tendrán más remedio que probar, oler y tocar los alimentos no preferidos. Este horario dará la bienvenida y alentará al individuo con un horario apropiado. Por ejemplo; cortar o hacer pequeñas porciones de alimentos no preferidos y preferidos s. Comience dando una opción de comida preferida y una vez que el individuo la coma, puede darle la opción de comida no preferida (generalmente un artículo más saludable como una fruta o verdura). Gire y repita cada paso tanto como sea necesario. Cuando se cambia un horario, informe a todos para que todas las entidades puedan estar en la misma página. Esto disminuirá las confusiones, los berrinches y los comportamientos frustrados.

Capítulo 5
Cómo se sabe que funciona el cerebro
"Funcionamiento ejecutivo"

La forma en que el individuo piensa y cómo funciona su cerebro finalmente conduce al diagnóstico de TEA. Las personas con TEA tienen un proceso de pensamiento diferente, que puede ser difícil de descifrar.

La función ejecutiva es un conjunto de habilidades que nos permite involucrar el control voluntario de nuestras respuestas de comportamiento, lo que permite a las personas a seguir y elaborar planes con el uso de reglas sociales, problema - la solución, y la adaptación a los cambios inesperados dentro de un ' entorno s.

Dependiendo del nivel y la gravedad de un individuo con TEA, el cerebro funciona de varias maneras. Algunos individuos son no capaces de procesar la información con facilidad, pero se les anima a tomar su tiempo y siga a través del plan. Un buen médico le va a romper las demandas de a pequeños pasos. El individuo con TEA es capaz de comprender los pasos y completar la tarea.

Un individuo con TEA es la ONU consciente de la deficiencia en su proceso de pensamiento. Cuando dan n instrucciones o r una demanda específica, TH e individuo es probable que sea fuera de tema y hacer caso omiso de lo que se les dice. Harán lo que quieran o lo que *creen* que se les indicó que hicieran.

E JEMPLOS de proceso de pensamiento es presenciado por profesionales son:

1) Hablar sobre tres o más temas en una oración. El individuo no puede apegarse al mismo tema y puede requerir algunas indicaciones para que pueda entender y recordar de qué estaba hablando o en lo que necesita concentrarse.
2) Perder el enfoque, zonificar y no ser capaz de permanecer en la tarea. Estas personas no pueden procesar la información adecuadamente. Pueden limitarse a las directivas de no más de dos etapas.
3) Las transiciones son desafiantes. Ellos se esfuerzan por cumplir con las instrucciones, debido a su falta de concentración.La fuga puede ocurrir en este momento, ya que no está estructurada y el individuo con TEA asume que puede alejarse, debido a la falta de enfoque exhibida.

Diferentes niveles de TEA

T diagnóstico que TEA tiene tantos niveles que no son tipos desconocidos que tienen todavía ser reconocido, encontrado, o grabado. El anterior diagnóstico y estadístico Manual, que era volumen e IV (4), describen el diagnóstico de TEA. T se actualiza el DSM V (2013) tenía más detalle que su predecesor. El DSM V tiene una sección completa sobre el diagnóstico de ASD, incluidos los diagnósticos adicionales que se pueden combinar con él, como un DHD (trastorno de déficit de atención e hiperactividad), IDD (trastorno de desarrollo intelectual), retraso del desarrollo, ODD (trastorno de oposición desafiante), trastorno de estrés postraumático (trastorno por estrés postraumático), etc. Las categorías múltiples incluyen comportamientos y características basadas en los factores experimentados por el individuo con TEA.

El DSM se actualiza aproximadamente cada cinco años. La enfermedad mental evoluciona cada día. Cuando t él DSM VI es liberado, que se espera para contener comportamientos adicionales en cada categoría, ayudar a los médicos a diagnosticar correctamente el individuo TEA.

W RABAJAR con la población ASD de once años tiene realzar y el aumento de mis conocimientos cornisa. He aprendido a comprender y asignar a cada uno de mis clientes una categoría basada en su comportamiento, desarrollo e hitos, y preocupaciones. Después de cerca de siete años como un especialista en comportamiento con licencia, el diagnóstico de TEA recibió en 2017 por mi dos años - viejo hijo, Tyler, hecho que sea personal. Tyler fue diagnosticado con TEA y TDAH debido a la falta de sensorial que está representada, así como los graves comportamientos hiperactivos que se exhibe.

Como madre, era muy observadora y consciente de los diferentes comportamientos que se mostraban. Me documento hitos para ver si Tyler ellos se reunían y si caía en rangos normales. Como profesional, me pretérito Yo era incapaz de diagnosticar mi propio hijo. Es fácil pasar por alto cosas importantes en lugar de hacer una precisión diagnosis. Yo también lo que no quiere llegar a ser fijado en los comportamientos que yo observé la pantalla de mi hijo. Tyler tenía deficiencias sensoriales, y se preocuparía por los ventiladores de techo y las luces.

Él se estrella e en ellos y seguirlos por largos períodos (a aproximadamente 10 - 15 minutos) y hacerse, electrónico excitado mientras lo hace. También lo noté haciendo las siguientes cosas:

- Escupir
- Corriendo alrededor
- Stimming / Pasado manos
- Diferentes movimientos y comportamientos repetitivos
- Consejo - aeing
- Escalar y mostrar comportamientos inseguros
- Ce no conforme
- Acumulación (mantuvo múltiples objetos en cada mano a la vez). Por ejemplo, si Tyler quisiera levantar algo del piso que quisiera, lo recogería mientras sostiene múltiples objetos en sus manos.

A pesar de estos comportamientos, los hitos de Tyler cayó con en rangos normales. El levantó su cabeza en tres meses de edad, se incorporó a seis meses de edad, renovarse a seis meses de edad, se arrastró entre siete a ocho meses de edad, se dirigió a once meses de edad, y alimentó él mismo en un solo año de edad . Estos se alentaron debido a las expectativas que se dieron, así como a sus niveles de desarrollo a los que se estaba acercando, dominando y cumpliendo.

Diagrama del desarrollo del cerebro ASD

Referencia: <u>Fundación de Investigación Médica Michelson</u> / <u>Fundamentos</u> / <u>Avance del</u> autismo / Autismo y el cerebro

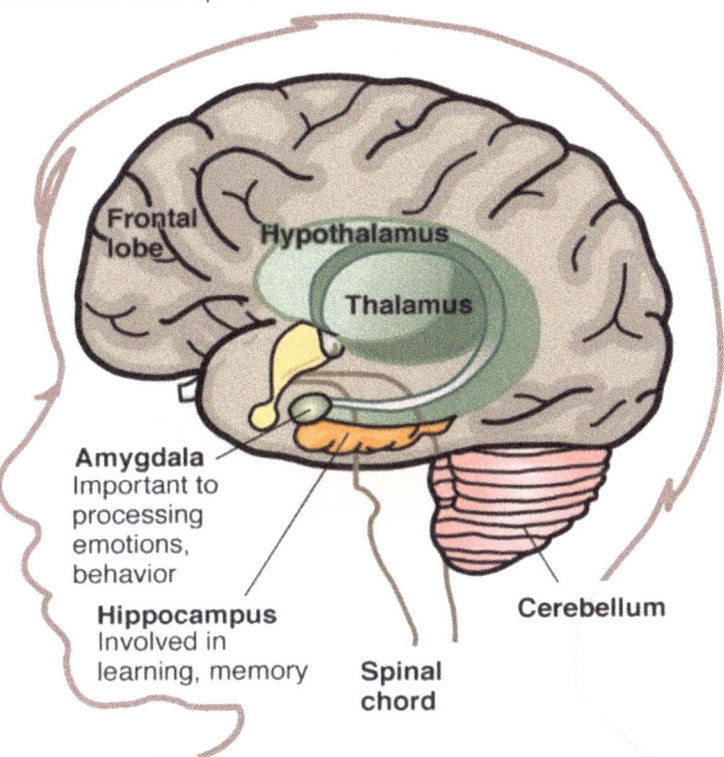

Las personas con TEA piensan y reaccionan de manera diferente debido a la forma en que funciona su cerebro. Es un reto para un individuo para pensar y reaccionar a un individuo típico que no es no caen con en rangos normales del proceso de pensamiento. T se forma en la función cerebral es con TEA resultados en las habilidades sociales que carecen individuales y la comunicación.A veces, la falta de habilidades sociales puede interferir con el pensamiento de procesamiento cognitivo de estos individuos, que es cuando él / ella puede comenzar a mostrar comportamientos frustrados y abrumados, debido a la incapacidad de autorregularse.

Comprender los problemas de comunicación

- Verbal
- No verbal
- Falta de discurso
- Gestos
- Visuales y otros PECS (Ver imágenes) Comunicación por Intercambio de I TEMS
- Limitad habla
- Lenguaje de señas

Problemas sensoriales

- Sensible a los sonidos fuertes, también conocido como "sonido Sensitiva"
- Sensible a las luces (demasiado brillante, demasiado oscuro), también conocido como "Sensible a la luz"
- Sensible a las temperaturas (demasiado calor o demasiado frío)
- Sobre estimulado por la tecnología
- Sobre estimulado por la cantidad de personas en su área

- Proximidad y límites
- No le gustan los grupos grandes.

Comportamientos
- Alpemente o errante
- Escape / Evitación
- Frustraciones y abrumadoras
- Auto lesivo
- La cabeza golpea a otros
- Se rasca a sí mismo y / u otros
- Físicamente agresivo hacia los demás.
- Destructivo
- Verbalmente agresivo

Capítulo 6
Pasos importantes a tomar
"Cosas para hacer"

M cualquier cosas deben ser toma n en consideración después de recibir un diagnóstico de TEA (trastorno del espectro autista) del niño. El procedimiento que debe seguirse difiere dependiendo del estado de residencia. Cada estado tendrá pautas y procedimientos específicos para obtener los servicios adecuados para el niño después del diagnóstico. Mantener la calma e investigar el diagnóstico será beneficioso para los padres o cuidadores. La más arriba - a - información actualizada se puede obtener de otros padres, grupos de apoyo, grupos de medios sociales, y pediatras del desarrollo. Para obtener los mejores resultados, toca tiempo para investigar y hacer preguntas, y créate un recursiva para referencia y para ayudar a otras personas que puedan tener preguntas o necesitan asistencia.

Los hitos pediatras s del monitor durante los controles así son esenciales. Esté seguro de proporcionar precisa información de modo que el niño 's historia es registrado correctamente. Los pediatras hará un seguimiento del niño por tener un padre y / o profesional completa un q UESTIONARIO acerca de las etapas para sentarse, gatear, caminar, hablar, etc. Si el pediatra tiene alguna preocupación, se recomendarán IE (precoz) Intervenciones servicios para bebés y niños pequeños de 0-3 años de edad. Si el niño tiene entre 3 y 5 años, se recomendarán los servicios de intervención preescolar de una unidad intermedia. el distrito escolar evaluará un niño que no ha sido diagnosticado por el inicio de la guardería . Se administrará una evaluación n para ver qué ambiente de clase es apropiado para el niño y qué servicios serían beneficiosos.

A veces, los padres se preocupan demasiado y se obsesionan con las etapas e hitos del desarrollo de sus hijos. Es importante recordar que cada niño es diferente, y los niños deben no se compara d a cada uno otro. E muy niño desarrolla de manera diferente.

Al darse cuenta de los comportamientos repetitivos, como la agresión, el desafío, el incumplimiento, la incapacidad para procesar, mirar o zonificar, fijarse en objetos o cosas específicas, los padres deben buscar asistencia profesional. Cualquier preocupación sensorial, como aletear, aplaudir, detener, fijar con texturas particulares, estimulación o movimientos repetitivos, requiere evaluación. Las evaluaciones indicarán si el niño es elegible para recibir un ISFP (Plan Familiar de Servicio Individualizado) o IEP (Plan de Educación Individualizado) para los servicios apropiados.

El resultado de la ingesta y las evaluaciones del niño se describirán en el ISFP o IEP y determinará los tipos de servicios que recibirá el niño. Hay una variedad de servicios disponibles, que incluyen terapia del habla y del lenguaje, fisioterapia, terapia ocupacional y servicios de educación especial.

Una vez que se haya completado la IAPA o IEP, un n IEP m REUNIÓN será programada para discutir los resultados de la evaluación y servicios que el niño va a recibir. T él los individuos presentes en la reunión del IEP son maestros, el habla, ocupacional y fisioterapeutas, cuidados, padres, representantes y apoyo para la conducta de la escuela, envolvente, y un representante del distrito escolar.

El IEP se revisa para actualizar y validar las intervenciones y estrategias efectivas y apropiadas utilizadas. Las metas mensurables se pondrá de relieve a realizar un seguimiento de las intervenciones, los objetivos, y de resultados. Los objetivos se ajustan durante esta reunión si el niño ha excedido un objetivo específico. New meta s están documentados, y cualquier cambio en las intervenciones de los anteriores meta s son acordados y anotadas. Un ejemplo de un mea s meta arable es: Hijo exhibirá comportamientos compatibles dentro de 4 de cada 6 casos con el uso de 3-4 indicaciones. Los números pueden ser demasiado tensos o no lo suficientemente tensos para el niño; por lo tanto, los ajustes pueden ser apropiados y efectivos para el niño. El IFSP / IEP es una ley - documento permanente que se compromete a poner en práctica las estrategias y se centran en los objetivos planteados a través del texto.

Después de las metas son revisados, todas las partes tendrán proporcionar su opinión acerca de si el niño está progresando o retrocediendo en la ubicación actual. Un ni requiere revisiones son discutidos y documentados. El NOREP (Notificación de recomendación de colocación educativa) se abordará a medida que la reunión del IEP concluya. El NOREP es la ubicación actual en la que el niño está actualmente inscrito. T se ha cuidador s el derecho de estar de acuerdo o no con la ubicación actual. Después de revisar t que la decisión presentado en el IEP m REUNIÓN, es el cuidador requiere para marcar ninguna de las casillas y el signo en la parte inferior de la hoja. Cuando los cheques cuidador "en desacuerdo" con la colocación actual de que el niño está en, una razón para estar en desacuerdo ción debe ser escrito. Un cuidador que ignorar s o basuras s de escritura en el espacio proporcionado tiene diez días antes de su niño se mueve de su ubicación actual y es incapaz de recibir los servicios adecuados. Si el cuidador no está de acuerdo, el distrito escolar del niño solo tiene diez días para responder o pensar en estrategias o planes de estudios alternativos para el niño. A veces hay waiting listas y un muy largo proceso de aprobación prívate s as escuelas debido a la del estado de la financiación.

El IEP (Plan de Educación Individualizada) es una ley - documento perdurable que los distritos escolares crean para proporcionar servicios a un individuo que requiere adicionales de asistencia o especializada colocación adaptados a sus necesidades. Una vez que el yo. Proceso es completa y todos los documentos ejecutado, que se considera aprobado.

Una vez que el I.E P. Es completado, el servicio elegible será programado. Habla y lenguaje, ocupacional terapia, o físico terapia están normalmente programado con una frecuencia semanal o 6 - ciclo de día, dependen en el distrito escolar del niño. Estos servicios también ocurren durante treinta minutos por sesión. Si hay una preocupación en más de un área, las sesiones se pueden combinar. El especialista s colabora para identificar problemas en áreas específicas que requieren una atención especial.

Incluso aunque el individuo puede recibir habla y lenguaje, o ocupacional terapia, físico terapia en el entorno escolar, el cuidador se anima a continuar reforzando las habilidades en el hogar . Esta continuación de la atención fortalecerá las deficiencias del niño y establecerá una rutina estructurada en todos los entornos. (Consulte las ideas y las listas en el Capítulo 8).

PASOS en el proceso del IEP

Remisión / Recomendación

Cualquier inquietud del personal, cuidadores r s, así como profesionales

Desarrollo del Plan
El distrito escolar tiene que responder dentro de los 15 días de la fecha en que la referencia fue solicitada y firmada.

El consentimiento del cuidador

se produce dentro de los 15 días posteriores a la recepción del plan del distrito escolar del niño.

I.E.P. Desarrollo y Elegibilidad

Esto ocurre dentro de los 60 días desde el consentimiento de los padres/cuidadores.

Resultado de los servicios del IEP

Después de las 2 semanas iniciales de que los padres firmen y estén de acuerdo con el IEP, los servicios aprobados comenzarán.

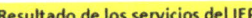

Revisión del IEP
El IEP debe pagarse anualmente a menos que haya una modificación o cambio que se recomiende o necesite.

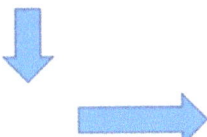

Desarrollo **del desarrollo**

Los niños diagnosticados con trastorno del espectro autista deben ser seguidos por un pediatra del desarrollo. Un d desarrollo Pediátrica es un profesional con licencia que se especializa en las áreas de un Autismo. A veces hay una lista de espera, pero no importa el tiempo que haga falta, el cuidador debe mantener el seguimiento con la instalación, completa todos solicitados cuestionarios y evaluaciones hasta que el niño es llevado fuera de la lista de espera y se le dio una cita. El cuidador debe investigar anualmente los mejores pediatras del desarrollo para asegurarse de que su hijo reciba la mejor atención disponible.

Con base en los diagnósticos que el niño ha sido dado, el pediatra del desarrollo puede solicitar la RM, EEG, genético probando para ver si hay algunas deficiencias neurológicas o deficiencias. Identificar estas deficiencias le permitirá al niño recibir servicios adicionales. El pediatra del desarrollo generalmente reevalúa al niño una vez al año, a menos que haya preocupaciones o problemas médicos que requieran visitas continuas.

Los miembros del personal, tales como; el asistente médico, el trabajador social, el coordinador de admisión o el médico proporcionarán a los padres o tutores recursos útiles relacionados con el diagnóstico de su hijo. También pueden encontrar fondos para que el niño reciba mantas pesadas, chalecos pesados, chalecos de compresión, artículos sensoriales u otros suministros que ayudarán a disminuir los comportamientos hiperactivos, impulsivos, no conformes y agresivos del niño.

Unirse a grupos de apoyo

Recursos valiosos provendrán de otros padres que han implementado con éxito planes para sus hijos autistas. El intercambio de información de ayuda s todos en el viaje con un niño autística. Es impera un tova a unirse a las páginas de medios sociales, como Facebook, Instagram, y Twitter, así como grupos locales que proporcionan asistencia.

Después de transitivo estos grupos, los padres y los profesionales van a poner en práctica estrategias y habilidades efectivas que pueden funcionar para sus hijos. Un s una madre y al licencia profesional, aconsejo padre s para investigar el diagnóstico, llegar a los demás, conexiones fabrica, b canto lagunas, y construir relaciones. Parte información y ayudar a los demás con la información nueva ayuda s todos con su viaje.

Datos y evaluaciones

El descubrimiento de antecedentes o factores desencadenantes, las estrategias de sustitución, los actuales comportamientos relativos, y las deficiencias académicas ayudarán al cuidador determina e la herramienta más eficaz para realizar un seguimiento de estos datos.

Existen muchas herramientas y evaluaciones diferentes que usan d para rastrear datos. La adecuada herramienta a utilizar dependen s en las preocupaciones y necesidades. Los diferentes tipos de evaluaciones que generalmente se usan para rastrear comportamientos preocupantes son FBA, (Evaluación funcional de comportamiento), BIP (Plan de intervención de comportamiento) , CANS (Fortalezas de necesidades de niños y adolescentes), ASSQ (Cuestionario de detección del espectro autista) , GARS (Escala de calificación de autismo Gilliam) , ATEC (Tratamiento del autismo Lista de verificación de evaluación) , y ASRS (Autismo Spectrum Rating Scales . la herramienta preferida varía dependiendo en el estado, el nivel de autismo, medio ambiente, y la edad idoneidad .

Si la persona con TEA presenta problemas, el distrito escolar puede tener una reunión o conferencia telefónica con los padres para obtener el consentimiento y el permiso necesarios para completar una evaluación específica o un rastreador de datos.El cuidador es responsable de firmar los documentos proporcionados y enviados a casa para que se puedan administrar las evaluaciones y pruebas apropiadas. Sin la firma, la persona con TEA no comenzará a recibir servicios.

Evaluación de comportamiento funcional o FBA

Una evaluación del comportamiento funcional (FBA) determinar s los motivos de una persona está mostrando ciertos comportamientos. Esta herramienta utiliza una variedad de datos y técnicas para ayudar a comprender los comportamientos inapropiados que exhibe el individuo. En un n FBA, cosas específicas son revisados que pueden estar contribuyendo a frústrate del individuo sobre con el aprendizaje, excluyendo factores académicos del individuo.

L a ganar y la comprensión de la mecánica de un n FBA. Aumenta conscientes dad de lo que se considera inapropiadas y estrategias alternativas para cambiar los comportamientos muestran. T él FBA se descompone en directo y en directo evaluaciones, dependiendo de cada individuo necesidades.

Directo

Directa es una evaluación integral que Focas s cuando la conducta objetivo se convierte en grave por listado de la intensidad, la frecuencia y la duración de cada comportamiento patrones muestran. Los diferentes factores examinados al completar un FBA directo son:

- Definir comportamientos objetivo
- Recolectando d ata
- La planificación intervenciones y estrategias para poner en práctica con el individuo
- A partir del plan de inacción

Indirecto

Una evaluación directo se completó bajo la FBA dependiendo de la época en que los comportamientos requieren atención y acción inmediata. Este tipo de evaluación involucra a menos individuos para que múltiples profesionales en una habitación no estimulen en exceso al individuo con TEA. Los importantes factores examinados al completar una i directo FBA son:

- No se consulta a más de tres profesionales.
- Implementa retroalimentación verbal o escrita simple
- Se enfoca en la historia o entrevistas de profesionales y padres sobre los comportamientos presentados en cada categoría.

El tipo de evaluación de FBA utilizada varía según las necesidades del individuo con TEA .La FBA generalmente se enfoca en el entorno en el que el individuo está siendo observado actualmente, ya sea en el hogar, la escuela o la comunidad. A veces, el entorno puede tener un impacto en el comportamiento de un individuo, razón por la cual se combina esta evaluación; en todos los entornos (hogar, escuela y comunidad) y colaborar con la información para lograr objetivos apropiados para trabajar.

Plan de intervención conductual o BIP

Un plan de comportamiento intervención o BIP es eficaz cuando IEP g ETAS se describen. Esto amplía la distribución de la IEP plan y poner en práctica una mejor s y ayudar s con un reto y comportamientos difíciles. El BIP exhibe a cualquier académico en el plan; sin embargo, las intervenciones conductuales positivas, las estrategias y el apoyo son el foco. Este plan también incluye habilidades y estrategias de comportamiento alternativas que satisfacen más adecuadamente las necesidades del individuo.

El BIP contiene comentarios o hallazgos de la FBA, y una variedad de cosas incluidas en este plan son cruciales para recopilar datos. Los datos que se requieren para formar parte del BIP incluyen:

- Una descripción detallada del problema que está ocurriendo.
- Hipótesis de por qué ocurren estos comportamientos específicos
- Comportamientos problemáticos y sus antecedentes o factores desencadenantes.
- Apoyos positivos, estrategias , e intervenciones, así como efectivos visuales

Una vez que el FBA o BIP se finaliza, una reunión está programada con el cuidador (s), personal de la escuela, así como otros vitales individuos a discutir los hallazgos y recomendaciones. Después de la revisión, se añade el plan para el IEP I f una nueva colocación se recomienda, un NOREP está firmado por el cuidador si están de acuerdo. I f del cuidador en desacuerdos, que tienen la opción no a firmar y solicitar una colocación diferente.

Evaluaciones y escalas de calificación

La evaluación a utilizar está determinada por las preocupaciones de edad que surgen con el desarrollo y los hitos del niño . M necesidad de herramientas se pueden utilizar para evaluar las necesidades del niño en la infancia cuando se exhiben habilidades sociales limitadas. Las evaluaciones se inician con inquietudes de la ubicación actual del individuo, el pediatra o el padre y luego se completan con cuestionarios, antecedentes familiares, comportamientos observables y otra información importante necesaria para ayudar con el proceso para recibir los servicios adecuados para el individuo.

Una lista de verificación de evaluación del tratamiento del autismo (ATEC)

ATEC es una evaluación que nos tanto profesional como personalmente en individuos con ASD durante los últimos siete años. Esta herramienta, que fue desarrollada por Bernard Rimland y Stephen Edelson con el Autismo Resecar Instituto, inicialmente estaba dirigida a personas con una forma eficiente de evaluar a los niños entre las edades de cinco y doce años.

M alguno apoya al ATEC y cree que esta herramienta es válida y confiable. El ATEC también se divide en cuatro subes calas diferentes que detallan si un niño está progresando o no con su tratamiento actual. Las subes calas consisten en mediciones de comportamiento, conciencia cognitiva y comunicación con otras medidas estandarizadas de las mismas características. Hay cuatro secciones que el ATEC Foca en cuando cada individuo. Estas secciones son:

- Habla / Lenguaje y Comunicación
- Sociabilidad
- Comportamientos sensoriales / cognitivos
- Salud / comportamiento físico

Es importante contar con el cuidador, el personal y cualquier otra persona que desempeñe un papel vital en la vida del niño para completar un ATEC. Un profesional será anotar cada ATEC recibido a determinar los resultados de la evaluación. El ATEC se califica utilizando el sitio web www.autism.com/atec . *(Bernard Rimland, Ph.D. y Stephen M. Edelson, Ph.D.)* Una después de una ll la entrada se presentó, el sitio proporciona una puntuación de serie, permitiendo a los profesionales a determinar del individuo nivel y el progreso de iones o regresión de iones en comparación a los puntajes anteriores. T él más alta sea la puntuación de la ATEC, más grave es el nivel de TEA el individuo se clasifica.

Salud conductual (servicios integrales) BHRS que ahora es IBHS

Behavioral Health está haciendo la transición a los servicios intensivos de salud conductual (IBHS) en el futuro cercano.

Este cambio es ocurra a fusionar la salud del comportamiento, ABA, y otros servicios que son una necesidad médica para ASD individuos.

Los servicios envolventes son servicios involuntarios elegidos por el cuidador. El puede sentir que su hijo, que está entre las edades de dos y veinte años de edad, requiere ayuda adicional para aprender cómo hacer frente y cumplir con las actividades de la vida diaria en el hogar, la escuela o la comunidad eventos. El individuales deben cumplir con ciertos criterios para ser elegible para servicios integrales. Hay pasos que el cuidador debe tomar para que su hijo reciba servicios envolventes. Después de revisar el resultado de la evaluación inicial o la evaluación extendida, un profesional con licencia hará recomendaciones. Estos pasos incluyen:

- Extendió una evaluación
- Las conclusiones y recomendaciones del correo Extended un PRECIACIÓN
- Envolventes s servicios recomendación

Utilizando los resultados del correo Extended un PRECIACIÓN, un profesional autorizado determinará elijaba del individuo li dad de servicios integrales. Estas personas recibirán un BSC (consultor especialista en comportamiento) o LBS (especialista en comportamiento con licencia), MT (terapeuta móvil) y / o trabajador TSS (apoyo del personal terapéutico) . El número de horas aumenta con la mayor necesidad del individuo. El BSC / LBS es la persona que supervisa el caso de la persona y crea el plan de tratamiento. Para asegurar que todos estén en la misma página, el plan debe ser ejecutado por el individuo todo equipo de atención.

Las responsabilidades y deberes para cada rol envolvente se detallan a continuación.

Especialista en comportamiento con licencia (LBS) / Consultor especialista en comportamiento (BSC)

Un Especialista de Comportamiento Consultor (BSC) SUPERVIS es cada uno de su clientes. Las responsabilidades del BSC incluyen la recopilación de datos y la creación de un plan de tratamiento inicial que consta de metas, objetivos, intervenciones, y estrategias, así como una descripción de los roles de cada persona trabajando en el caso. Un behaviorismo especialista también coordina funcionales Evaluaciones de Conducta y Plan de Intervención de Conducta, se trabaja cerca Ly con la familia y la escuela. El especialista en comportamiento también describe las habilidades apropiadas para ser utilizadas por la familia, el equipo y la escuela, lo que permite al cliente conocer las expectativas y responsabilidades.

Se requiere que los Consultores especializados en comportamiento (BSC) obtengan una licencia de la Junta Estatal de Medicina para trabajar con niños diagnosticados con TEA . Una vez que el BSC se convierte en licencia, i t es un requisito para que se completen al menos ocho continúan educación horas anuales de formación a través de la ABA o App lied conducta Análisis.

El LBS o BSC creará programas de comportamiento, visuales y otros sistemas de recompensas de refuerzo positivo. Estos sistemas han demostrado ser efectivos y eficientes. Las personas con TEA pueden relacionarse visualmente con las cosas y pueden comprender mejor las expectativas con estos sistemas. El BSC / LBS observa al individuo en un entorno, documento s de pista y s comportamientos problemáticos específicos, enseña habilidades a los adultos que están presentes durante las sesiones, y garantí ir el uso de estrategias adecuadas. Las redirecciones, las indicaciones, el conteo hacia atrás, la ignorancia planificada y los descansos son ejemplos de las estrategias que generalmente se implementan en sesiones con el individuo.

Dependiendo de los objetivos o la gravedad de la preocupación del cliente comportamientos, estrategias adicionales, tales como ejercicios de respiración profunda y problemas - estrategias de pensamiento para resolver, puede ser utilizado para des - ESCALAT correo y ayudar al cliente con la comprensión.

Terapeuta Móvil (MT)

Un terapeuta móvil, también conocido como n MT, no es un servicio obligatorio. A los individuos ll son no elegibles para una MT. Deben ser recomendados por un profesional con licencia. Terapeuta móviles s son los médicos con un grado de maestría en la que prestan - servicios para el hogar o de la comunidad en un ambiente terapéutico. Por lo general, un terapeuta móvil solo puede ofrecer servicios clínicos en el entorno escolar si es el único clínico del caso.

Una móvil terapeuta es supervisado por un BSC / LBS y seguimiento s de todas las intervenciones y responsabilidades que figuran en el t tratamiento plano. El plano de tratamiento se crea para cada individuo y detalle s objetivos específicos, los objetivos, las intervenciones, y las estrategias considerarán efectiva y apropiada.

Móvil terapeuta s son responsables de proporcionar orientación individual y familiar, la implementación y la utilización de estrategias terapéuticas, y la identificación de pensamientos problemáticos o r comportamiento. Estos clínicos también nos mensaje una variedad de terapias, incluyendo P yacía, cognitivo conductual, drogas y alcohol, Grupo, conductual dialéctica, y Terapia centrado en la emoción. Debido al entorno más pequeño y las sesiones individualizadas, el clínico puede usar una amplia variedad de terapias. Terapeutas móviles pueden dar una idea de lo que está pasando por la implementación de estrategias, su ch como la redirección, señales verbales, papel - de juego, lo que provocó, ignorando planificada, ejercicios de respiración profunda, y el individuo - la base d estrategias, dependiendo de las necesidades del individuo. Mobile terapeuta también ayudan con el desarrollo de unas fortalezas del niño, lo que puede aumentar la eficacia terapéutica de la dinámica familiar. Además, el terapeuta acumulación es una relación con el individuo y su familia y poner en práctica s niño - la terapia centrada, lo que ayuda a la r individuo elote a la terapia a nivel personal y permite al clínico a centrarse en las necesidades del individuo más terapéutico aliado. Si es necesario que haya cambio o revisión de la t tratamiento plano, el terapeuta móvil discutirlos con el conducta Especialista Consultante.

Apoyo al personal terapéutico (trabajador de TSS)

Terapéutica trabajador de apoyo personal trabaja uno - en - uno con un individuo de un prescrito número de horas. Del individuo elegibilidad se basa en el IR evaluaciones, la historia, y el comportamiento actual. A veces es un desafío para un individuo recibir un trabajador de TSS. Los tipos de elegibles trabajadores TSS comportamiento es inseguro, fuera tarea, requiere de estrategias continuas para ser forzadas, agresiones físicas, de cero a baja capacidad de atención, fuga y errante, y otros comportamientos que los académicos impedir, emocional, físico, la vida y todos los días.

Hay dos tipos de servicios de TSS. Se requieren algunas certificaciones cuando se trabaja con niños con TEA. Los servicios de TSS se ofrecen en el hogar, la comunidad y el entorno escolar. Dependiendo de las necesidades del individuo, él / ella puede ser aprobado tanto para el hogar como para el horario escolar.

El papel del trabajador TSS es a cuidadores de apoyo, personal escolar, y el equipo clínico recomendando y demostrando sillas y estrategias para ayudar a la persona TEA. TSS trabajadores son asignados a en - riesgo los niños que no son seguros, desafiantes, y lucha para mantener la calma y centrado.

Los trabajadores de TSS implementan las siguientes intervenciones:

- Redirecciones y avisos
- Muy cercano y alentar a permanecer dentro de los límites personales
- La observación y el seguimiento de los datos (generalmente un datos plancha es suministrada por BSC) para realizar un seguimiento de los comportamientos
- La ignorancia planeada (atención - comportamientos de búsqueda)
- Ejercicios de respiración

- Frecuencia, intensidad y duración de cada comportamiento en cuestión que muestra el individuo

Un trabajador de TSS es parte del equipo terapéutico que tiene un impacto positivo en los clientes que se les asignan. Los trabajadores de TSS aprenden habilidades del BSC / LBS y las utilizan para ayudar a las personas con TEA.

Medicación (de acuerdo, opuesta y cuándo)

La forma más adecuada de tratar con un niño al que se le diagnostica alguna necesidad especial, especialmente autismo, es controvertida. El tema ha sido debatido durante más de veinticinco años. Cada cuidador debe investigar sus opciones y hablar con el equipo integral sobre las ventajas y desventajas de la medicación.

Los padres a menudo se preocupan acerca de cuándo deben comenzar la administración de medicamentos, y que temen que otros están coaccionando a sus hijos para llevarlos.

Como padre de un niño con TEA, sugiero que los cuidadores consideren la medicación si las estrategias alternativas no han funcionado y notan que el niño muestra los siguientes comportamientos:

- No a poca capacidad de atención
- Comportamientos moderados a severos hiperactivos, impulsivos o ansiosos
- Incapaz de cumplir con las estrategias y directivas que se dan
- Parece tener cambios de humor o pensamientos acelerados

- No puede mantenerse enfocado, en la tarea, y se desconecta mucho
- Incapaz de completar evaluaciones académicas u otro trabajo escolar

Si las estrategias e intervenciones alternativas no han tenido éxito y el carretaje respuesta en contacto continuamente con respecto a la conducta, el niño se refiere a los servicios de psiquiatría y la medicación prescrita.

Los cuidadores no deben escuchar a los demás sobre qué medicamentos funcionan o comparar las experiencias de otros niños o familiares con la situación de sus hijos. Cada persona es diferente y reacciona a los medicamentos de manera diferente. Lo mejor es consultar a un psiquiatra con licencia que va a proporcionar a los padres con información precisa pertinentes a la condición de su hijo y prescribir medicación eficaz para ellos.

Los padres deben estar preparados para probar más de un medicamento. Es posible que sea necesario hacer ajustes cuatro o más veces para encontrar el medicamento apropiado y la dosis más efectiva para regular la vida diaria y la rutina de un niño. Es importante no a frustro. El padre tiene que firmar un formulario de consentimiento que permita que la enfermera de la escuela administre el medicamento a horas específicas durante el día escolar. Ningún niño debe ser retirado de ninguno de sus medicamentos recetados sin la recomendación de un psiquiatra. Suspender la medicación de un niño los fines de semana, días festivos o darles un descanso puede ser perjudicial para el niño. Esta decisión afectará negativamente a un niño durante unos días cuando regrese a su entorno educativo.

Profesionalmente hablando, hay cosas a tener en cuenta cuando se consulta a un psiquiatra con licencia en relación con sus estrategias, intervenciones, las manos - en la experiencia, y servicios integrales adecuados para ayudar a las necesidades de comportamiento del niño. Un profesional que trabaja con niños con TEA revisará las siguientes cosas antes de recetar medicamentos:

- Las necesidades del niño

- Metas y objetivos medibles con las escuelas y / o el equipo integral

- Un correo Extended un PRECIACIÓN de servicios integrales aprobados (si el individuo no está recibiendo actualmente servicios)

- Consecuencias impuestas y la estructura del entorno del hogar para comprender las expectativas y los límites establecidos para el individuo.

- Si el individuo recibe o no teléfono o correos electrónicos a casa todos los días

Si el cuidador ha agotado todas las opciones alternativas y el niño continúa mostrando comportamientos inapropiados, inseguros, fuera de la tarea, hiperactivos, impulsivos, ansiosos, desafiantes y no conformes, se deben consultar los servicios psiquiátricos.

Un niño que lucha con síntomas continuos generalmente requiere una intervención psiquiátrica. Si bien algunos niños pueden hacer frente, cumplir y participar en la vida sin medicamentos, no muestran problemas de comportamiento de moderados a graves. También hay algunos niños que pueden salir crecer estos comportamientos, pero la mayoría no lo hará, y el comportamiento se convertirá en peor a medida que el niño crece.

Escenario: un niño que muestra todos los comportamientos anteriores, ya sea exhibido intencionalmente o no, se ve constantemente desafiado y lucha con la vida cotidiana. En un ambiente de clase, el niño puede caminar, se convierten en destructivas, y ser agresivo con sus compañeros y maestros. Es posible que este individuo no pueda quedarse quieto debido a las carreras y los pensamientos inapropiados que los confunden. No podrán entender las estrategias implementadas. En cambio, pueden correr continuamente, tratando de escapar de la realidad mientras perturban el aula. La lección s no es comprendidos a pesar de las estrategias implementadas y apoyo adicional. El niño todavía está luchando para completar las tareas asignadas. Como resultado de ello, surge la frustración, y cierra la ASD individuales abajo y comienza a mostrar fuera - comportamientos de tareas que interfieren con la capacidad de todos para aprender. Su incapacidad para comprender y los cambios de humor son perjudiciales para el entorno de aprendizaje. El escenario es confuso para todos los involucrados. Es un pequeño vistazo a la mente de un individuo con TEA. La confusión se agrava al combinar diagnósticos como TEA con TDAH, TEA con TDA, TEA con TEPT, etc. Estas personas piensan de manera diferente y se enfrentan diariamente. Las recomendaciones psiquiátricas serían beneficiosas para disminuir el comportamiento desordenado y los cambios de humor y establecer una rutina.

Cociente de inteligencia (IQ) y dotado

Las pruebas de cociente de inteligencia generalmente se administran en un IEP para todos los niños, especialmente con individuos con TEA, para evaluar sus funciones cerebrales. Estas evaluaciones se dan no sólo para determinar el nivel de funcionalidad del cerebro desde una perspectiva médica, sino también para aprender qué edad el cerebro está funcionando en la elegibilidad de calibre y la adecuación de los servicios disponibles. El coeficiente intelectual se calcula dividiendo la edad mental de una persona por la edad cronológica y luego multiplicándolo por 100. Esta información se recopila utilizando el nivel de rendimiento del niño en la prueba de coeficiente intelectual. El puntaje refleja dónde cae el individuo en comparación con otros en su grupo de edad.

La gama de coeficientes intelectuales para niños con TEA

Un individuo con TEA cuyo rango de IQ es 115 o superior se considera de alto funcionamiento o dotado. Estas personas generalmente se destacan académicamente, socialmente y emocionalmente. La mayoría de las personas pueden tener un IEP para el Programa de Dotados y pueden recibir los servicios adecuados.

Los individuos con un CI de menos de 70 caída más probable es que en las moderadas a graves niveles de TEA, mientras que los individuos que tienen un CI de 70 - 84 sufren un leve grado de TEA normalmente. El resultado del cociente intelectual indica la elegibilidad del niño para los servicios. Los padres pueden tener que abogar por el niño. Las solicitudes para la administración de cualquier evaluación deben presentarse por escrito al director, distrito escolar, maestros o supervisores de educación especial. La solicitud del cuidador debe incluir una razón detallada por la que siente que el niño necesita ser evaluado.

Personas con TEA que se acercan a la edad adulta

La defensa de un niño no se detiene a los diecisiete años. El hecho de que el niño se acerque a la edad adulta no significa que ya no necesite servicios. Todavía hay una variedad de servicios que seguirán recibiendo o servicios en los que pueden inscribirse antes de graduarse. La mayoría de estos individuos son elegibles para graduarse cuando son 21 - año - viejo, que es más eficaz con el aprendizaje de habilidades para la vida y preparación de la comunidad.

A medida que el individuo se acerca a la edad de dieciocho años, debe comenzar el proceso de solicitud de OVR (Oficina de Rehabilitación Vocacional), IDS (Servicios de Discapacidad Intelectual) y varios otros recursos que recomendará el consejero, maestro o trabajador social de la escuela. Una vez que los alcances individuales la edad de dieciocho años, él / ella puede solicitar SSI (Seguridad Social), registrarse para votar, y si este individuo es un varón, que es necesario para registre por los Servicios selectiva, especialmente cuando se aplica para la Seguridad Social.

Tutela

Cuando las personas con TEA se convierten en adultos jóvenes, es posible que no puedan comprender muchas de sus nuevas responsabilidades y puedan luchar con el mundo real que les rodea. Los cuidadores pueden solicitar guardianship, dándoles el derecho a tomar decisiones para su hijo si sienten que el niño no es mentalmente capaz de abogar por sí mismos. Esto evita que el niño sea responsable de cualquier acción involuntaria o incontrolable. Los documentos de tutela son documentos legales que un abogado debe presentar para ser oficial.

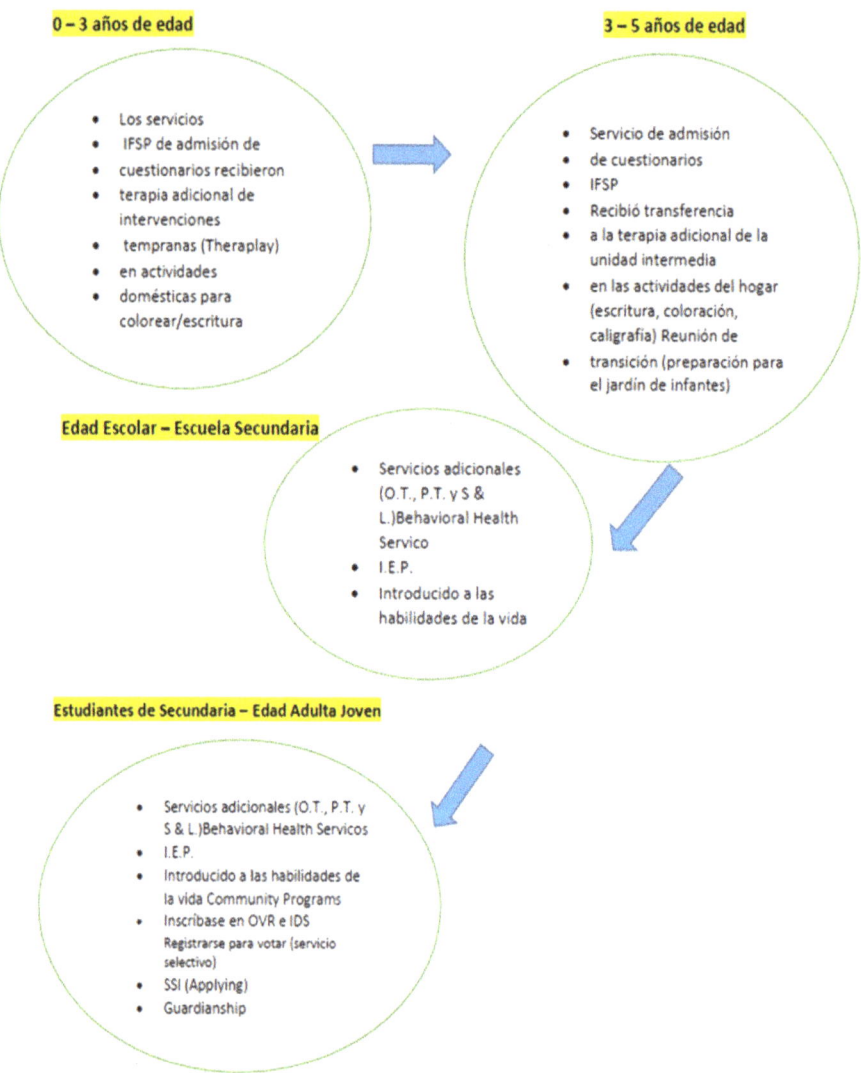

Organización parental "BINDER"

Requerir expectativas de un individuo excepcional para cumplir, a diario, es realista, sin embargo, se utilizan múltiples estrategias e intervenciones. Los individuos con TEA requieren organización y otros que se involucren e interactúen con ellos, a diario también para organizarse.

Tener una carpeta para el individuo es muy importante. Te convertirás en el defensor más organizado de este individuo mediante la colocación; IEP, NOREP, BIP, evaluaciones, planes de comportamiento y gráficos, conferencias, etc. en este cuaderno. Utilice separadores, carpetas y carpetas para separar todo, de modo que cuando necesite hacer referencia o confirmar elementos específicos, sea fácil de identificar y encontrar. Comprar un 3 "o más grande y comenzar desde allí. No tire nada porque puede necesitarlo. Esto es útil cuando desea ver los archivos de la persona de los recursos que se discutieron, pero necesita la información adicional para hacer contactos para programas y servicios específicos para los que la persona es elegible.

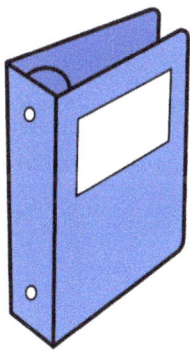

Cuanto más organizado esté, menos frustrado y con mayor ansiedad exhibirá.

Capítulo 7
Estrategias e intervenciones
¿Cuáles son los más efectivos y utilizados? "

Límites y proximidad

Los límites y la proximidad son significativos con el niño con TEA. A estas personas se les debe enseñar a comprender y respetar los espacios personales de los demás. Las personas con trastorno del espectro autista a veces cruzan límites aceptables debido a la emoción o los movimientos repetitivos que muestran.

El modelado es una estrategia e intervención efectiva utilizada para ayudar a las personas con TEA a comprender los límites establecidos por otros. Una de las estrategias consiste s de poner su brazo hacia el frente de ellos para demostrar sus límites. Mientras su brazo está extendido, debe explicarse que debe haber al menos dos pulgadas de espacio entre ellos y la persona que están encontrando. La regla de proximidad y límites tendrá que repetirse continuamente durante todo el tratamiento del niño para que pueda incrustarse en su mente.

Re direccionamiento

La redirección es la estrategia más efectiva utilizada en el tratamiento del niño con TEA. Enviar esta estrategia es un recordatorio constante para el niño, lo que refuerza límites. La redirección también se implementa y se utiliza para hacer cumplir las reglas y expectativas. Estos niños generalmente están fuera de la tarea, desenfocados y no pueden entender la seguridad o las reglas. Cuando se redirige al niño, no hay contacto visual, y el comportamiento está detenido o que el niño se abstendrá lentamente de mostrarla.

Incitación

La incitación es otra estrategia e intervención importante utilizada con un niño que tiene necesidades especiales. En los niños diagnosticados con TEA, luchan con el procesamiento del pensamiento, y algunos no pueden completar más de dos pasos. Las indicaciones se usan cuando el niño está completando un paso y requiere asistencia en el camino. Cuando este niño tiene dificultades, se le dan señales verbales de una o dos palabras para ayudarlo a terminar la directiva.

Ignorar planificado

La ignorancia planeada es muy importante para la atención - los niños que buscan. Estos niños a menudo exhiben una variedad de comportamientos, incluidos berrinches y crisis severas, hasta que el cuidador, el educador o el profesional responden. Si bien planificada ignorando puede ser eficaz a veces, algunos incidentes requieren una respuesta inmediata a la atención - comportamientos de búsqueda, tales como la auto - comportamientos o conductas perjudiciales que afectan a otros.

Refuerzo positivo

El refuerzo positivo es una excelente estrategia para usar cuando el niño requiere confirmación de que está exhibiendo un comportamiento apropiado. Positivo reforzar también puede ser útil cuando un niño está fuera de tareas y para ayudarles a cumplir con las directivas. El niño se inspira para tomar decisiones apropiadas con refuerzo positivo, lo que evitará que retroceda.

En el Mundial de ABA, el refuerzo positivo animar s del niño para cumplir las expectativas y comprender, con recordatorios cada 3-10 minutos, dependiendo de la gravedad de los comportamientos exhibidos.

Alabanza verbal

Verbal p motivar aumento es del niño hacia mejores decisiones. Esto es efectivo y apropiado para los niños que responden bien a los elogios. Los recordatorios consistentes y positivos de que están tomando las decisiones correctas les ayudan a centrarse en las expectativas y guían al niño mientras inculcan los límites apropiados.

De - escalada y Deep Ejercicios de respiración

Cuando el niño con TEA ha alcanzado un punto grave de escalada, la desescalada puede llevar mucho tiempo. Dependiendo del nivel de conductas que no cumplan, puede tomar las estrategias apropiadas de diez minutos a más de una hora para calmar al niño.

Ayudar a un niño escalado es un desafío. A veces no son conscientes de los comportamientos no conformes y desafiantes que han ocurrido. Luchan y no pueden comunicar sus deseos y necesidades. El individuo con TEA requiere seguridad y confianza durante este proceso de reducción de escala. Primero, el cuidador debe pronunciar algunas palabras para ayudar al niño a comprender que está a salvo. Después de establecer que la confianza, la careciera debe utilizar estrategias para asegurar que los niños cumplen con el comportamiento apropiado.

Durante el proceso de desescalada, preguntarle al niño por qué y cuáles son los motivos de la escalada puede ser una estrategia útil. Se requiere una gran cantidad de incitar y paciencia ya que el niño es incapaz de expresar sus pensamientos y sentimientos. Ser consciente de la razón por la cual el niño exhibe estos comportamientos es útil cuando ofrece opciones alternativas y busca la mejor estrategia de reducción de escala.

Por ejemplo, Jeff, **PRIMERA,** usted tiene que escuchar y seguir instrucciones, y **"después"** puede tener algo de iPad t tiempo (lo una otra actividad preferida en la cual el niño por lo general involucra).

El cuidador puede tener que repetir la directiva o colocar el artículo en su mano al implementar esta estrategia. El niño sabrá qué pasos seguir para recibir el artículo preferido que solicita. El adulto debe ser accesible y mantener un comportamiento no amenazante mientras usa términos amigables para los niños.

Si el niño está experimentando una rabieta, fusión, o mostrar la atención - el comportamiento de búsqueda, estrategias - tales como estaba previsto ignorar - se deben utilizar. El niño verá que el mal comportamiento no será alentado o recompensado. Puede tomar tiempo, y los p adres puede tener que alejarse. El niño está mirando para ver si el cuidador va a cumplir con sus demandas. Los ejercicios de respiración profunda son imprescindibles durante este tiempo. El niño puede respirar profundamente mientras cuenta hasta cinco. Se deben tomar unas diez respiraciones profundas para ayudar al niño a calmarse. Si el niño no es físicamente agresivo, coloque una toalla de papel mojada con agua fría sobre la frente del niño. Mientras sostiene la toalla de papel en la frente del niño, se pueden aplicar compresiones. Esta estrategia va a disminuir sus comportamientos impulsivos, agresivos, e hiperactivos. El cambio en la temperatura corporal ayudará a calmar al niño. Cuando el niño recupera el control total y puede comprender una conversación, el cuidador debe explicar inmediatamente los malos comportamientos que se mostraron y cómo se debe manejar la situación en el futuro.

Artículos de afrontamiento para usar

Muchos elementos pueden incorporarse en la vida diaria de un niño, ya sea en el hogar, la escuela o el entorno comunitario. La reacción del niño determinará la efectividad de las estrategias utilizadas.

Algunos niños tienen problemas con la agresión física, agresión verbal, cruzar fronteras, comportamiento impulsivo e hiperactivo, fuera - de tareas y comportamientos desenfocados, y su capacidad de atención. Ciertos objetos son útiles para ayudar a calmar al niño con TEA, permitiéndole estar más enfocado y centrado en la tarea.

Algunos de estos artículos son:

- Cabello C acolchado o Cushion para cabello C
- Cuña para cabello C
- Estrés B todo
- Pelota de yoga
- Fidget Cubes
- Manipulativos (bloques y rompecabezas)

- Hueso de juguete
- Cabeza Phonos (bloquea las distracciones y los ruidos fuertes)
- Chaleco ponderado / Manta ponderada
- Swing sensorial

También puede ser útil usar un temporizador para ayudar al individuo a comprender las transiciones, respetar los límites personales y los límites de tiempo. El temporizador generalmente ayuda a preparar al niño con los siguientes pasos a seguir o para fomentar cierta independencia y responsabilidad.

Capítulo 8
Programas / servicios útiles
"Redes e investigación"

M se han establecido o se están creando programas de asistencia debido al aumento de niños diagnosticados con TEA, algunos tan jóvenes como de dos años. Anualmente, los pediatras les dan a los padres un cuestionario para completar detallando los hitos y desarrollos de sus hijos en función de sus observaciones.

A veces, los pediatras no pueden diagnosticar correctamente a un niño, pero pueden notar deficiencias o retrasos sociales, emocionales o físicos y recomendar la intervención temprana para niños de hasta tres años o la intervención preescolar para niños de tres a cinco años. T que el pediatra puede entonces hacer referencia a otros especialistas para una evaluación psicológica completa para determinar el diagnóstico o la elegibilidad del niño para servicios adicionales.

Si el especialista se refiere, y los horarios del niño para un seguimiento - cita de control, el padre debe considerar comunicarse con un hospital local que se especializa en TEA / Desarrollo Infantil de retardo. La asociación con una instalación de este tipo permite que el niño sea rastreado anualmente por profesionales que estén familiarizados con las tendencias del trastorno. Este pediatra Desarrollo posiblemente solicitará un n MRI, ECG, g Ene tic t teres ante , etc. Dependiendo del resultado de la ingesta, así como la historia y los antecedentes del niño, pruebas adicionales puede ser administrado. Los padres no deben desanimarse. La lista de espera para una cita puede ser de seis meses a tres años, dependiendo del área de residencia. Es mejor completar el cuestionario, hacer una copia y enviarlo. I f ninguna respuesta o correspondencia ha sido recibido en seis meses , darles una llamada para confirmar que recibieron las formas y preguntar acerca de la hora prevista para el caso de que el niño sea revisado.

Diferentes establecimientos que tienen áreas sensoriales y días para niños con TEA

(Condado de Montgomery)

Los niños en el espectro ASD tienen desafíos con el entorno comunitario, también conocido como el mundo exterior. Para muchos de estos niños es un desafío disfrutar del entorno comunitario porque exhiben comportamientos diferentes a los de un niño promedio. M cualquier agradables para los niños establecimientos pueden ayudar con los desafíos que afrontan los niños con TEA en lo que respecta al medio ambiente de la comunidad.

Cada condado o estado tiene recursos para niños con necesidades especiales. Se pueden ubicar servicios adicionales utilizando un motor de búsqueda, como GOOGLE. Si escribe "Guía de recursos para niños con necesidades especiales en _____ (estado y condado)", se mostrarán enlaces a muchos sitios. Los padres que se toman el tiempo para investigar servicios y recursos adicionales ayudan a sus hijos a tener una transición más suave y menos desafiante para recibir esos servicios.

En el condado de Montgomery, Pensilvania, hay muchos lugares que organizan festividades para niños con TEA y otros niños con necesidades especiales. Estos establecimientos han aprendido cómo involucrar, interactuar e incluir al niño con necesidades especiales. Sus establecimientos ayudan con la falta de habilidades sensoriales del niño autista y han ajustado sus servicios y estándares para acomodar a estos niños atípicos.

Algunos de estos lugares incluyen:
- Bouncetown
- Elmwood Park Zoo
- Urban Air / SkyZone / GetAir
- Bibliotecas Públicas
- Boleras
- Tierra de lego
- Al aire libre P lay A reas
- Por favor toque museo
- Gran aventura
- Sesame Place

Además de los mencionados, muchos establecimientos son cada vez más conscientes de la necesidad de acomodar e ASD individuos. Muchos de estos establecimientos también ofrecen un entorno sensorial que tiene menos iluminación, ruidos y sonidos, así como también ofrecen diferentes áreas sensoriales para apoyar o ayudar a las personas con TEA que exhiben; movimientos repetitivos, así como un aumento en los comportamientos ansiosos e impulsivos.

Hacer que el ambiente del hogar sea terapéutico

La implementación de terapias continuas en el entorno del hogar es muy importante para la vida del niño autista. Debido a que el niño recibe una variedad de servicios en su ubicación educativa, es bueno transferir esas habilidades al entorno familiar del niño para fortalecer las deficiencias.

Todos en el hogar deben ser parte de la rutina del niño al ofrecer un entorno terapéutico para ayudar con las necesidades del niño. Los padres y hermanos del individuo deben conocer técnicas y estrategias para usar con el individuo en los entornos del hogar o la comunidad. La familia debe conectarse y afiliarse a una variedad de estrategias e intervenciones para ayudar al individuo con TEA a hacer frente y cumplir.

Individuos con ASD pueden tener dificultades para procesar la información, debido a sus cognitivas proceso de pensamiento es. Las personas diagnosticadas con TEA pueden recibir terapia ocupacional, fisioterapia o terapia del habla y lenguaje. Todas estas terapias son importantes, y la familia puede implementar algunas ideas creativas en el hogar para ayudar con las dificultades sensoriales del individuo con TEA.

Aquí están algunas ideas para el hogar - terapias basadas en:

Terapia del habla y lenguaje

- Imágenes y otras publicaciones
- Imagen libros
- Demostrando y modelando social

- Repetición de sonidos y palabras (lenguajes receptivos y expresivos)
- Colocando objetos cerca de la boca, iniciando el contacto visual con el individuo
- con TEA

Las cosas mencionadas anteriormente guiarán y prepararán al individuo para; fluidez, resonancia o voz, siembra o articulación (formando palabras). Cuanta más exposición y práctica tenga una persona diagnosticada con TEA, mejor preparación tendrá. Los elementos visuales, las imágenes, la terapia de juego, el lenguaje y la demostración del "balanceo de la lengua" apoyarán y prepararán a estas personas para un mejor contacto visual, conciencia, así como para intentar hacer sonidos o formar palabras.

Terapia ocupacional

- Centrándose en bañarse
- Asear apropiadamente o introducir entrenamiento para ir al baño
- Habilidades para la vida (hornear, limpiar, cocinar)
- Agarre con lápiz, colorear y escribir
- Contenedores con artículos sensoriales (frijoles, arroz, limo y otros artículos on textura)
- Pegatina diversión
- Actividades con velcro (jalar y pegar)
- Estiramiento, escalada y caminata.

Los elementos mencionados anteriormente guiarán y prepararán al individuo para; aprender a equilibrar, agarrar o continuar con las habilidades importantes de la vida que se necesitan para funcionar en la vida cotidiana. Estas cosas son importantes para que las personas con TEA sepan cómo fortalecer estas habilidades para que puedan utilizar estos músculos más de lo habitual. Las actividades al aire libre y otras actividades recreativas son excelentes maneras de fortalecer la sección central o media de estos individuos que involucra a todos los músculos en las áreas que incluye; anverso, reverso y lateral. El fortalecimiento de las principales áreas será apto individuo con, ser capaz de equilibrio sele sin demasiadas indicaciones.

Terapia física

- Estirar el cuerpo y tener una rutina.
- Usar una variedad de métodos y otras estrategias que consisten en el movimiento del cuerpo.
- Ejercicio
- Trampolín
- Estimulación corporal
- Caminar y subir (caminar y subir escaleras)
- Saltando y saltando
- Yoga b all
- Sensorial s ala
- Salidas familiares y cosas adicionales que consisten en movimiento

Las actividades mencionadas son grandes maneras de ayudar a la persona ASD con intervalos de 15 - 30 minutos, dependiendo de su nivel de tolerancia. Los tiempos pueden incorporarse a una rutina diaria. La rutina debe ser consistente. Si se necesita hacer algún cambio, la familia debe preparar al individuo para un cambio en el horario para disminuir la frustración. Un temporizador puede ser útil para ayudar con los tiempos de preparación y transición. El objetivo de la fisioterapia es aumentar la movilidad, utilizando numerosos métodos de movimiento, ejercicio y movimiento corporal constante, así como la estimulación.

Capítulo 9
Metas comunes para trabajar
"Metas más eficaces y apropiadas para enfocarse"

Trabajar y aprender con el niño con TEA puede ser un desafío. Es perjudicial para los padres y profesionales comparar a estos niños con otros o asumir que estos niños están en cierto nivel cuando no lo están. No importa el tiempo de crianza o la cantidad de certificaciones que posee un profesional, atender a los niños con trastorno del espectro autista es una experiencia de aprendizaje. Todos los niños ASD es diferente, y todos ellos tienen un conjunto diferente de necesidades.

Dependiendo de la gravedad de los malos comportamientos, así como del desarrollo del niño, se seleccionan las estrategias más efectivas para ayudar a los niños con el diagnóstico de TEA. Los niños que son diagnosticados con TEA muestra varias combinaciones de comportamientos, tales como off - tarea, desafiante, no cumplen las normas, fuera de foco, hiperactivo, impulsivo, y comportamientos traspasar fronteras. El aprendizaje de las lenguas apropiadas, enfoques, objetivos y estrategias para implementar ayuda a los padres, hermanos, personal escolar, y otras personas que forman parte de los tratamientos y de todos los días la vida del niño TEA.

Habilidades sociales

Mejorar las habilidades sociales puede ser el objetivo más común para los profesionales que tratan a niños diagnosticados con trastorno del espectro autista. Estos niños a menudo tienen habilidades verbales y sociales retrasadas. La gravedad de su desarrollo de habilidades sociales varía desde no - verbal para poder comunicarse y verbalizar sin la capacidad de expresar sus pensamientos y sentimientos. La comunicación exitosa depende de las habilidades sociales. Como resultado, este objetivo es comúnmente una parte esencial de los planes de tratamiento de los niños diagnosticados con trastorno del espectro autista.

La falta de habilidades sociales puede ser muy frustrante y abrumador para las personas con TEA y las personas que trabajan con ellas. El individuo con TEA se siente extremadamente frustrado cuando nadie puede entenderlo. Los individuos que trabajan para comprender al individuo con TEA se enfrentan al desafío de no poder descifrar sus solicitudes. Las personas autistas no pueden regular sus pensamientos y sentimientos, lo que los hace incapaces de expresarlos. En cambio, se vuelven retraídos, frustrados y agresivos hacia las personas que no pueden entender lo que solicitan.

Restante en la tarea / Enfocado

Mantener al niño con TEA alentado y enfocado es otro objetivo común. Estos niños pueden tener una combinación de ADD (trastorno por déficit de atención) 314.00 en DSM IV (2010) o una combinación de ADHD (trastorno por déficit de atención con hiperactividad) 314.01 en DSM IV (2010). Los individuos con cada uno de estos diagnósticos exhiben una falta de atención o poca a ninguna capacidad de atención. Estos niños a menudo se alejan porque no están concentrados o no pueden quedarse quietos. La mayoría de las veces, un niño que tiene una variedad de diagnósticos tiene dificultades para completar estudios académicos y otras tareas. Es importante implementar estrategias efectivas para mantener al niño comprometido, enfocado y en la tarea.

Agresión física

Algunos niños diagnosticados con TEA pueden presentar físicamente en curso - comportamientos agresivos. Algunas veces el comportamiento es intencional, mientras que otras veces, las acciones son involuntarias. Los tipos intencionales de física Ly - comportamiento agresivo se producen cuando reacciona el niño por impulso o se obsesiona con los objetos que se sienten puede ser tomado de manera agresiva. Los comportamientos agresivos involuntarios pueden ser el resultado de la frustración de no poder expresar sus deseos o necesidades. Estos físicamente - comportamientos agresivos pueden ser el resultado de escape o evitación, y puede aumentar debido a su incapacidad para conseguir que los demás a entender por qué se decidió a ser físicamente agresivo. Cuando un niño se vuelve físicamente agresivo hacia los demás, el padre o el profesional deben crear límites de proximidad para evitar que el niño dañe a otros.

Agresión verbal

S ome los niños pueden mostrar signos de forma verbal - tendencias agresivas. Gritando, gritando, gimiendo, o hacer declaraciones inapropiadas y despectivos son verbalmente - comportamientos agresivos. Hay momentos en que los niños dicen cosas intencionalmente para obtener una reacción. Algunos niños con TEA simplemente están reaccionando a los impulsos cuando exhiben un comportamiento agresivo. Pueden sentir que están perdiendo el control y se vuelven verbalmente agresivos como resultado de ese sentimiento de impotencia. Una forma verbal - niño agresivo podría decir algo de lo siguiente: duma y , idiota, estúpido, o te odio. Cuando el niño se vuelve severamente agresivo verbalmente, él o ella comenzarán a usar lenguaje inapropiado y blasfemias.

Proximidad y límites personales

Los límites personales son uno de los objetivos principales en los planes de tratamiento de los niños con TEA. Muchos niños con TEA invaden el espacio de otros. Por lo tanto, ayudarlos a comprender la importancia de la proximidad y los límites personales es imprescindible para su éxito social.

Los niños con trastorno del espectro autista requieren que los responsables de su tratamiento establezcan límites y expectativas personales. A veces se violan intencionalmente el espacio de los demás, pero es por lo general no intencional y pueden dar lugar físicamente - comportamientos agresivos. Es necesario redirigir al niño y modelar el comportamiento apropiado continuamente. Un estratega efectiva y está poniendo su brazo delante de usted y explicar a los niños que no deben cruzar esa zona. El niño puede continuar cruzando fronteras e invadiendo los espacios personales de otros, requiriendo que el padre modele el comportamiento correcto para él o ella repetidamente.

Capítulo 10
Niveles diferentes
"Dependiendo de los comportamientos y sensoriales"

Después de haber estado expuesto al trastorno del espectro autista y su diagnóstico durante casi once años, he adquirido una comprensión de la categoría y los niveles en los que los niños serían categorizados en función de sus comportamientos y preocupaciones sensoriales. También estoy familiarizado con establecer metas y determinar qué estrategias son efectivas y apropiadas.

Las categorías y explicaciones que siguen son mis hallazgos. Así es como clasifico a los niños con TEA para ayudarlos con los objetivos apropiados del plan de tratamiento y las intervenciones y estrategias efectivas. Mis recomendaciones se basan en lo que observo y cómo el niño exhibe comportamientos específicos y preocupaciones sensoriales.

Comparar niños es un desafío. Incluso si experimentan el mismo comportamiento o comportamientos similares, puede haber algunos comportamientos que caen en una categoría diferente. Se pueden comparar los niveles de berrinches o crisis que experimentan los niños, pero también se deben considerar otras preocupaciones sensoriales, comportamientos o barreras. Estas preocupaciones adicionales pueden colocar al niño en diferentes categorías. Ligero leve, leve, leve moderado, moderado y severo son los niveles que utilizo a menudo para ayudarme con la implementación de estrategias .

Leve leve

Leve Leve nivel es para el alto - funcionamiento del espectro autista Trastorno de individuos que son muy sociable y capaz de verbalizar como un individuo típico. Estos individuos suelen utilizar cinco o más palabras en una frase y pueden mantener una conversación bastante decente sobre Real - acontecimientos de la vida. T heredera buena neurológica proceso de pensamiento determina t él decisión de colocar a las personas en esta categoría en un regular de la educación del aula entorno. Involucrarse e interactuar ocurre con estos individuos, incluso si no es tan frecuente como podría ser. Algunas personas con TEA prefieren estar solas, pero pueden distinguir los momentos apropiados para relacionarse con otros sin avisar. A pesar de que estos individuos pueden exhibir comportamientos del individuo promedio, todavía tienen ligeros signos de disminución de la auto - expresión y en algún momento s lucha para expresar sus pensamientos y sentimientos. Los berrinches y las crisis se producen en la categoría Ligero leve, pero la intensidad, la duración y la frecuencia no superan los quince minutos. El inicio de la explosión podría ser a causa del día que están teniendo o disparadores que se han producido. Estas personas entienden las expectativas y responsabilidades, a pesar de que pueden tener su momento de mostrar comportamientos no conformes. Cuando se completa una evaluación ATEC en este individuo, los puntajes generalmente están dentro del rango de 45 a 62.

Templado

Altos -f UNCIONAMIENTO individuos con ASD con habilidades sociales limitadas pueden caer en la categoría leve. Estos individuos pueden verbalizar frases y oraciones como un individuo típico, pero pueden perder la confianza en su respuesta. Estas personas pueden usar al menos cinco o más palabras para formar una oración. Ellos son capaces de mantener una conversación acerca de bienes - acontecimientos de la vida, pero podrían estar fuera - tema con temas extravagantes o cosas que ocurrieron desde hace años. Los individuos que están en esta categoría tienen el potencial de ser ubicados en un salón de clases de educación regular, pero pueden recibir servicios adicionales de educación especial u otras terapias para ayudar con sus preocupaciones sensoriales. Si bien pueden preferir quedarse solos, estas personas se involucran e interactúan en los momentos apropiados.

A pesar de que estos individuos pueden exhibir comportamientos del individuo promedio, todavía luchan con la auto - expresión y ser capaz de expresar sus pensamientos y sentimientos. Es posible que estas personas requieran recordatorios constantes utilizando estrategias tales como incitar, redirigir e implementar señales visuales para ayudarlos a comunicar sus pensamientos. Se producen berrinches y colapsos. La intensidad, duración y frecuencia pueden durar hasta treinta minutos. La duración del berrinche o la crisis puede aumentar si el individuo busca atención o lucha por cumplir con las instrucciones y estrategias. Frustraciones en ocasiones pueden conducir a estos individuos con ASD que pierden auto - control y convertirse en destructiva y verbal o físicamente agresivo. Los individuos con trastorno del espectro autista en esta categoría entienden las expectativas. Continúan mostrando comportamientos no conformes porque sienten que tienen razón en todo. Cuando se completa una evaluación ATEC en este individuo, el puntaje estará dentro del rango de 63 a 72.

Ligero Moderado

Ligero moderado es el tercer nivel y está designado para individuos con TEA que no son muy agresivos físicamente pero que pueden exhibir comportamientos verbalmente agresivos ocasionalmente. Gritar, gritar, hacer amenazas y usar lenguaje con contenido inapropiado están asociados con este nivel. Estos individuos son desafiados y luchan con sus habilidades sociales. No pueden verbalizar frases y oraciones como un individuo típico. Como resultado de su incapacidad para expresarse, se comunican mal con los demás. Los individuos que están en esta categoría son estudiantes itinerantes. Se pueden colocar en un aula de educación regular periódicamente durante todo el día. Esta flexibilidad les permite hacer la transición al entorno ASD Classroom para las necesidades sensoriales según sea necesario. Esta clemencia les proporciona un ambiente cómodo para que se calmen y se expresen con el uso de estrategias y manipuladores apropiados.

La falta de interacción entre pares o hermanos es común para estos individuos con TEA. Prefieren quedarse solos cuando se les da la opción. Sin embargo, hay momentos en que quieren entablar una conversación o jugar con quienes les rodean. Se necesitarán recordatorios consistentes, incluyendo indicaciones, re direccionamientos y señales visuales, para ayudarlos cuando se comuniquen con otros o intenten expresarse. En esta categoría, las rabietas y crisis duran aproximadamente veinticinco a de cuarenta-de cinco minutos. Factores que afectan a los diferentes niveles de intensidad y frecuencia incluyen el tipo de día que un re tener, el motivo de la rabieta, y los antecedentes que se hayan producido. No es raro que estos individuos con ASD que luchar con auto - control y se vuelvan destructiva o agresiva en cada uno de sus ambientes de tres a cinco veces a la semana. Estas personas tienen una comprensión mínima de las expectativas. Cuando se haya completado una evaluación de ATEC, la espera ed puntuación para este nivel es del 73 al 84.

Moderar

El cuarto nivel, Moderado, indica que el individuo con TEA no es verbal y no puede expresar sus pensamientos y sentimientos. Estas personas solo pueden usar expresiones de una palabra. La extensión de su vocabulario es de cinco a diez palabras. Estas personas a menudo muestran comportamientos agresivos. La agresión verbal se demuestra al gritar, gritar, hacer diferentes ruidos o sonidos para comunicarse, y la agresión física resulta en morder, pellizcar, patear o golpear. Están abrumados por su incapacidad para comunicarse con los demás o para expresar sus pensamientos y sentimientos. Estas personas no pueden verbalizar en absoluto. Un PECS (Picture Exchange Sistema) ayuda a estas personas no verbales a comunicar visualmente sus deseos y necesidades. Las personas que están en esta categoría se encuentran en el TEA c entorno lassroom a tiempo completo. Esto garantiza que se satisfagan sus necesidades sensoriales y les proporciona un ambiente cómodo para que mantengan la calma y se expresen. Las estrategias y manipuladores apropiados a menudo se implementan desde su IEP

No hay interacción entre pares o hermanos. Estas personas prefieren quedarse solos y se niegan a interactuar con los demás. Las indicaciones, re direccionamientos y señales visuales los ayudarán con lo que quieren decir o expresar. Se producen berrinches y crisis, pero la intensidad, la duración y la frecuencia aumentan entre diez y quince minutos desde el nivel anterior. Para ellos es un desafío solicitar lo que quieren o necesitan. El berrinche y las crisis pueden continuar durante cuarenta minutos o más. Al igual que con los niveles anteriores, la duración de la rabieta depende del tipo de día que tengan, la razón de la rabieta, los desencadenantes encontrados o la incapacidad para expresar algo. También es posible que el individuo busque atención o tenga problemas para cumplir con las instrucciones.

En este nivel, el individuo con TEA puede escapar de cualquier área. Es posible que no entiendan o acepten las estrategias e intervenciones que se les han modelado y enseñado. Las publicaciones de ayuda visual pueden ayudar al individuo a seguir una rutina. Si no se sigue la rutina, todo el día puede estar libre. Si no se mantiene el cronograma, estas personas con TEA pueden tener dificultades con el autocontrol. El comportamiento destructivo y agresivo ocurrirá de vez en cuando. Puede suceder tantas como cinco o más veces al día, en cualquier e n entorno de. Estas personas no pueden comprender las expectativas y no pueden procesar más de una directiva de uno o dos pasos. Su puntaje de evaluación ATEC generalmente está entre 85 y 97.

Grave

Este es el nivel final y está reservado para personas con TEA con múltiples diagnósticos. Th ESE lucha de las personas con las preocupaciones sensoriales, incumplimiento y asuntos capacidad de atención, y t oye puede ser severamente impulsivo, hiperactivo, destructivo, agresivo, así como los perros callejeros en muchas ocasiones. Estas personas no son verbales y no pueden expresar sus pensamientos y sentimientos. Estas personas tienen un vocabulario muy limitado, que consta de tres a cinco palabras. Estas personas muestran niveles severos de comportamientos agresivos y requieren numerosos elementos terapéuticos y de afrontamiento. Estos artículos incluyen hilanderos intranquilos, cubos intranquilos, juguetes para masticar, manipuladores y chalecos o mantas con peso. El objetivo de los elementos terapéuticos y de afrontamiento es ayudar al individuo con TEA con los procesos de auto - calma y desescalada.

Estos individuos también pueden estar en buen estado - o la luz - sensible. Es imperativo contar con iluminación y auriculares específicos para que estas personas disminuyan la frustración, los comportamientos agresivos y las rabietas o crisis que pueden intensificarse cuando luchan por expresarse. El individuo con TEA a menudo no puede hacer frente a las estrategias reforzadas. Estos individuos no tienen miedo, impredecible, y encontrar maneras de correo Scape / un vacío cuando se niegan a completar una tarea o actividad específica. Un PECS (Picture Exchange Sistema), ya sea un libro o un sistema con licencia en una tableta electrónica del distrito escolar en el que reside su hijo, es muy útil cuando el niño no verbal no puede comunicar sus deseos y necesidades. Los niños de esta categoría reciben su instrucción educativa en un ASD c entorno lazaron. Esta configuración está equipada para satisfacer sus necesidades sensoriales. Se proporciona un ambiente cómodo para que se calmen y se expresan con el uso de estrategias adecuadas a menudo implementado de sus individuos IEP en esta categoría pueden asistir a una escuela privada si el distrito escolar casa es incapaz de satisfacer las necesidades del niño. Esta opción está disponible para ofrecer apoyo después de que todas las estrategias son ajustadas, el IEP revisado, y si el individuo todavía no logra hacer progreso.

Estas personas no tienen interacciones entre pares o hermanos. Al igual que con la categoría anterior, su preferencia es quedarse solo. Se niegan a interactuar con los demás. Varias estrategias para ayudarlos a expresar sus pensamientos y necesidades son motivar, redirigir, ignorar y apretar las manos juntas. La implementación de señales visuales también les ayudará con la comunicación. Se producen berrinches y crisis graves y pueden durar más de cuarenta y cinco minutos. Como se indica en todas las categorías, la intensidad, duración y frecuencia son dependientes del tipo de día que están teniendo, la razón de la rabieta o fusión, los antecedentes experimentados, o la incapacidad para expresar lo que quieren. Los berrinches pueden ocurrir de dos a cuatro veces al día en todos los entornos. No importa si están en la escuela, en el hogar o en la comunidad. Los berrinches ocurren con frecuencia porque requieren intervenciones consistentes para garantizar la seguridad y reforzar las habilidades de auto - calma. Estas personas con TEA pueden escapar de las áreas a pesar de las estrategias e intervenciones apropiadas y efectivas que les han sido modeladas y enseñadas. Las publicaciones de ayuda visual pueden ayudar al individuo a seguir una rutina. La consistencia es vital. Si no se sigue la rutina, su día completo estará libre. Cambio provoca frustración y puede llevar a estos individuos con ASD que pierden su auto - control y convertirse en destructiva o agresiva. Esto puede suceder más de cinco veces al día. Estas personas no entienden las expectativas y solo pueden procesar directivas de uno a dos pasos. Su puntaje de evaluación ATEC suele ser de 98 a 100.

Similitudes y diferencias de todos los niveles de ASD

La mayoría de las personas con TEA, sin importar el nivel en que se clasifiquen, luchan con preocupaciones sensoriales, incumplimiento, rechazos, fugas, frustración, hiperactividad, impulsividad, poca capacidad de atención, sensibilidad al sonido o la luz, evitación y espontaneidad. Regarle de su nivel, los individuos diagnosticados con TEA muestran una combinación de las conductas que se detallan. Incluso aquellos que tienen un alto funcionamiento, también conocidos como individuos ASPERGERS ASD, pueden mostrar signos de lucha con problemas leves sensoriales, de incumplimiento, hiperactivos o de evitación cuando se les presentan actividades en las que no quieren participar.

Capítulo 11
Identificación de crisis
"Qué antecedentes tuvieron lugar"

Cuando un niño pierde todo el control y se vuelve físicamente agresivo, no significa que el individuo con TEA esté pasando por una crisis. Cuando un individuo se sienta ASD s abandonados o no soportado, pueden llegar a ser emocional, usar lenguaje obsceno, hacer amenazas verbales, llegar a ser agresivos, o salir de la zona. Esto no es una crisis. Una gran crisis puede evitarse i f estrategias adecuadas se implementan para de - escalar el individuo.

Una crisis es un momento específico en el que un individuo experimenta dificultades, problemas o peligros. Durante estos tiempos, les resulta difícil comprender la seguridad y el control cuando se implementan las estrategias.

A veces, l cumplimiento de la ley vecinal ha sido despachado por razones de seguridad, la agresión, destructor en, las emociones y la inestabilidad. Aplicación de la ley por lo general recomienda llamar a la crisis local n número. El personal de la línea directa de CRISIS hará una serie de preguntas para evaluar la situación. Pueden recomendar llevar a la persona a un hospital o un hospital parcial para una admisión o evaluación. Dependiendo de los hallazgos, el individuo con TEA puede ser admitido, recibir tratamiento ambulatorio o ser recomendado para servicios adicionales de BHRS.

Cosas a buscar

Los padres y careciera s continua mosto aliado observan niño s que tienen trastorno del espectro autista. Al igual que otros niños, tienen sus altibajos. Algunos días son más chállenle que otras y pueden requerir la asistencia de - escalando y mantener un seguro y tranquilo ambiente. Nótate si un niño muestra cualquier comportamiento inusual, incluyendo el comportamiento inseguro, el cambio s en el estado de ánimo, o dis interés en las actividades preferidas, y considerar terapia si hay un aumento de estos comportamientos. Si estos cambios INTERFER e con la del niño actividad favorita de recreo, académicos, o sus actividades diarias habituales, que pueden estar en las etapas iniciales de una c Risas.

Cuidadores y / o s Taff debe intentar utilizar las siguientes técnicas cuando un cliente se está frustrado y abrumado: p control de proximita, planificada, haciendo caso omiso al bloqueo de comportamiento, y la habitación tranquila / hora tranquila, según corresponda. Estas estrategias son a menudo útil cuando los convierten individuales s severamente agitados, se acopla en auto- daño comportamiento, vocaliza de forma agresiva, o se involucra en el comportamiento agresivo. Atenúa las luces derechas y silencia los ruidos para minimizar la entrada sensorial. Removían exigencias de la tarea y poner en práctica visuales será ayudar con calmar al individuo hacia abajo , el establecimiento de un seguro y confiando en el medio ambiente.

Lista de contactos de crisis

Friends Hospital al (215) 831-2600

4641 Roosevelt Blvd. Philly PA 19124

Montgomery Servicio de Emergencias del Condado, Inc . : (610) 279-8100 o 1 (800) -452-4189

50 W. Beech Drive, Norristown, PA 19403

Brook Glen Behavioral Hospital: 215-641-5300

7170 Lafayette Ave., Fort Washington, PA 19034

- **Clínica Horsham: 215-643-7800**

722 East Butler Pike, Ambler, PA 19002

- **Acceda a los servicios móviles de crisis para niños y adolescentes:** 1 (888) 435 - 7414

500 Office Center Drive, Suite 100 Fort Washington, PA 19034-3234

LÍNEA DIRECTA DE PREVENCIÓN DE SUICIDIO: 1 (800) 452 - 4189

Se encomienda que los números de teléfono anteriores se publiquen en diferentes áreas para que, en caso de emergencia, una persona tenga acceso para hacer las llamadas necesarias, si es necesario. Si los números anteriores no están en su área o ubicación, comience a investigar a través de un motor de búsqueda como; GOOGLE De lo contrario, su proveedor de seguro médico puede ayudarlo con una lista de los lugares participantes y locales que mejor se adapte a la persona que lo necesite.

Los cuatro niveles para un plan de crisis

Hay cuatro niveles en un plan de crisis que determinarán qué categoría exhibirá el individuo con TEA. Los cuatro niveles son de la menor preocupación ing a la mayor preocupación ing debido a la gravedad de las conductas destructivas y agresivas.

Nivel 1:

Ejemplo de comportamientos del cliente

Cuando un individuo se vuelve desafiante o no cumplen las normas, los comportamientos del individuo por lo general las pantallas están apagadas - tarea, llorón, emocional, ansiedad, poco agresivo , hiperactivo e impulsivo. Como resultado de la incapacidad de auto - regulan y expresan su deseo s y necesidad s , se muestran rabietas. Este individuo se vuelve muy enojado y emocional. Durante este primer nivel, los berrinches duran entre quince y veinte minutos ; dependiendo de su estado de ánimo y antecedentes que ocurrieron . El padre o cuidador debe alentar al niño a relajarse y calmarse. La estrategia Squeezing Hands Together es efectiva en este nivel, ya que le da tiempo al individuo para procesar y poder dar algunos detalles sobre las razones por las que se siente de esta manera. Esto limitará los comportamientos ansiosos.

Antecedentes y desencadenantes conocidos

Los desencadenantes conocidos que ocurren en este nivel de crisis no son capaces de comprender las expectativas. Cuando no pueden permanecer concentrados o en la tarea, pueden confundirse. Sus pensamientos confusos pueden transpirar por pensar demasiado o por malentendidos. Estos individuos pueden sentirse limitado y la atención pantalla comportamientos de búsqueda hasta que consiguen lo que quieren. La ignorancia planificada se puede implementar para disminuir los comportamientos de búsqueda de atención del individuo, pero después de aproximadamente 15 minutos, intente redirigir la conversación para que pueda obtener algunos pensamientos o sentimientos del individuo.

Plan de acción

1) Implementar estrategias e intervenciones , tales como; redireccionamiento, enfoque de apretar las manos, así como

2) ofreciendo señales verbales para eliminar los berrinches o las crisis cuando ocurren.

3) Aliente a la persona que los está experimentando a usar palabras o gestos seguros cuando requiera un descanso o note que sus altos niveles de ansiedad están ocurriendo.También aliente a este individuo a respirar profundamente para disminuir los niveles de ansiedad.

4) Hablar con la persona acerca de las malas conductas que se visualiza a sí enseñan - control y ayuda a comprender las consecuencias y explicar un plan de acción para que él / ella va a entender lo que se viene utilizando; Primero y luego. Por ejemplo; Primero, apretaremos nuestras manos y limpiaremos el desorden que hizo, y luego hablaremos sobre mejores opciones para el futuro.

5) Cuando termine, repita los pasos, permitiendo que el individuo entienda lo que está sucediendo para eliminar cualquier forma de agitación, irritabilidad o comportamiento fuera de la tarea.Esto ayudará al

individuo a tomar mejores decisiones y a utilizar estrategias de pensamiento para resolver problemas, ya que pudieron calmarse y concentrarse durante esta primera etapa.

Nivel II:

Ejemplo de comportamientos del cliente

El individuo con trastorno del espectro autista puede tener momentos de conductas impulsivas e hiperactivas que le impiden mantenerse enfocado y concentrado en la tarea , así como también a salvo . Estos individuos tienen el desafío de comprender y expresar sus pensamientos y sentimientos s junto con sus deseos y necesidades , siendo que ellos tienen el desafío de mantener la calma y segura . Comportamientos de Nivel II son similares a Nivel I comportamientos . Además de esos comportamientos, el individuo podría arrojarse al suelo o ponerse muy ansioso. Tipos de físicos Ly comportamientos agresivos que aparezcan en este nivel incluyen tirar y agarrar , además de convertirse en destructiva . Estas personas se distraen fácilmente con altos niveles de ansiedad. Haciendo caso omiso de la Estrategia a veces es eficaz para el Nivel II individuo s . Si ignorar no tiene éxito, se debe elegir una estrategia diferente.Cualquier estrategia adicional que deba implementarse es; señales verbales para ayudar a expresar pensamientos y sentimientos, así como estrategias de pensamiento de resolución de problemas para ayudar a poder pensar adecuadamente, antes de que ocurran formas de comportamiento agresivo o no conforme.

Antecedentes y desencadenantes conocidos

Darse cuenta de que otros participan en uno de sus artículos preferidos puede ser un desencadenante que causa agitación e irritabilidad. El individuo también podría ser activado si se lo alienta a completar una tarea no preferida, cuando no esté preparado o no esté de humor para hacerlo. Esto podría llevar a un quince - a veinte y cinco rabieta minutos ; dependiendo de los desencadenantes y razones). El individuo puede volverse físicamente agresivo hacia los demás cuando prefiere quedarse solo.

Plan de acción

1) Redireccione al individuo de la tarea preferida y vuelva a encaminarlo y realizar la tarea.

2) Anime al individuo a usar ejercicios de respiración profunda para eliminar la agresión y los comportamientos emocionales. Junto con eso, implemente la Estrategia de pensamiento de resolución de problemas para ayudar a disminuir los comportamientos ansiosos e impulsivos que podrían conducir a comportamientos agresivos físicos y verbales.

3) Explique los malos comportamientos que se han exhibido con imágenes que disminuyen la escala. A veces, estos individuos requerirán un visual para ayudar con la desescalación.

4) Cuando termine la rabieta, repita los pasos para disminuir el nivel de agresión y ansiedad del individuo.

5) Utilización de un elemento, hacer frente bolsa de frijoles o acolchado zona tranquila, un juguete,

ponderado chaleco o una manta, o un otro manipulador para calmar al individuo.

6) Anime a la persona a cantar una canción favorita para redirigir su atención y ayudar con la relajación y la comodidad.

Nivel III:

Ejemplo de comportamientos del cliente

Durante una moderada a severa c nivel Risis, el individuo se convertirá emocional, no cumplen las normas, y desafiante cuando se le da instrucciones que incluyen una tarea no preferida. Debido a que las luchas individuales con las estrategias administran, len g thy rabietas y colapsos se producirá consistentemente en este nivel. Durante esta etapa de la c Risis, el individuo va a fugarse varias veces y ser físicamente agresivo. El individuo también puede mostrar la auto - comportamientos perjudiciales. Cuando se muestran comportamientos inseguros, como morder, agarrar, jalar, trepar, saltar, patear o empujar, se requiere una intervención inmediata . La implementación de estrategias, como las redirecciones y las indicaciones, puede ayudar a reducir la intensidad de un individuo con TEA extremadamente emocional y hostil. En este momento, el individuo puede necesitar un área tranquila (cojín) o tener un asiento debido a los niveles moderados a severos de comportamientos agresivos y hostiles que se muestran.

Antecedentes y desencadenantes conocidos

Estos individuos pueden tener problemas con el ruido y posiblemente son sensitiv sonido electrónico . Junto con eso, pueden estar sobreestimulados por el número de personas que están presentes o en la proximidad o área en la que se encuentran. No pueden tolerar cantidades excesivas de ruido o personas que cierran, pero exhiben niveles severos de incumplimiento . Ellos Wil l se frustra fácilmente y desafiados en entornos ruidosos. Se debe designar un elemento preferido específico para ayudar a la persona individual a sobrellevar estos momentos. Esto reconfortará al individuo, permitiéndoles expresar las razones por las que se sienten frustrados y ayudándoles a calmarse.Una manta, un chaleco, un cojín u otro artículo para hacer frente puede ayudar a esta persona a disminuir el incumplimiento y los comportamientos agresivos.

Plan de acción

1) Contacto un BHRS t EAM m brasa o BSC si el individuo recibe envolvente.

2) Anime al individuo a calmarse y a usar estrategias de resolución de problemas que lo ayudarán con la expresión y la reducción de la intensidad.

3) Utilizar habilidades que los BHRS t EAM implementarse para redirigir y estimular al individuo a tomar buenas decisiones.

4) Anime y hable con el individuo, redirigiendo la conversación para que pueda concentrarse y limitar los comportamientos físicamente agresivos e inseguros que están presentes.

5) Dele al individuo un artículo de afrontamiento, una manta con peso, un chaleco con peso o compresiones para calmar sus frustraciones.

6) Repita los pasos y continúe hablando con el individuo sobre lo que puede ser un objetivo en el que le gustaría enfocarse o qué Recompensa le gustaría recibir si son capaces de ganar 5 puntos de refuerzo positivos con todos los requisitos, por ejemplo; desescalar, limpiar, reunirse, concentrarse y concentrarse en la tarea, poder hablar y participar, y luego regresar al área donde él / ella es responsable.

Nivel IV:

Ejemplo de comportamientos del cliente

Nivel IV es el nivel final de un c risis. Si alcanzado, de contactos de la c Risis h otline. Hay muchos factores, incluso dentro de Nivel III, que garantiza y fomenta el padre o profesional, cuando en contacto con el c Risis h otline. Si un individuo es muy emocional, incapaz de mantenerse quieto, agresivo, impulsivo, hostil, hiperactivo y no conforme, se debe contactar a la línea directa. En este nivel, el individuo también puede ser auto - perjudicial, suicida, obscenos, agresivos y peligrosos para ellos mismos y otros. Durante este tiempo, se requieren intervenciones y estrategias inmediatas. Los comportamientos típicos en este nivel son enojo, abrumado, fuera de la tarea, desafiante, no conforme, resistente y ansioso. Estos comportamientos llevarán al individuo a tener múltiples crisis que duran más de una hora. Los comportamientos destructivos son posibles hasta que el individuo se calme.Se necesita mucho apoyo, que varios miembros del personal o familiares deben estar presentes para ayudar con este nivel. Es útil eliminar elementos inseguros del área e intentar hablar con el individuo.

Antecedentes y desencadenantes conocidos

No hay desencadenantes identificables que ocurren durante esta etapa de ac risis . No tiene que haber un desencadenante. Sus sentimientos o estado de ánimo pueden ser la razón de su comportamiento.En este nivel, este individuo es incapaz de autorregularse o expresar sus pensamientos y sentimientos. Este individuo está tan enojado, irritable, frustrado y hostil que se niega a cumplir, concentrarse o incluso preocuparse por estar a salvo. Su única preocupación generalmente es volverse físicamente agresivo con un individuo para transmitir su punto de vista.

Plan de acción

1) Llame al 911 o transportar a la persona a la más cercana e mergencia r oom.
2) Llame a la línea directa de intervención móvil de crisis del condado:

Línea directa de crisis móvil de acceso del condado de Montgomery: 1 (888) HELP-414

Capítulo 1 2
Planes de comportamiento / Gráficos
PECS

Hay muchos dispositivos u otros elementos que se pueden usar para ayudar al niño con trastorno del espectro autista a comunicarse o solicitar sus deseos y necesidades. Esta puede ser una etapa más desafiante que ayudar al niño. Todos los individuos con TEA se encuentran en diferentes niveles verbales y sociales. La respuesta del individuo con TEA ayudará a determinar qué dispositivos son necesarios para ayudarlo a comunicarse.

PECS (Libro / Carpeta)

PECS es un sistema de comunicación de intercambio de imágenes creado por profesionales de la salud mental y del comportamiento. Los padres también pueden crear sus propios PECS. Los materiales requeridos son un montón de fotos, velcro, y el tiempo para poner juntos. Es importante clasificar cada elemento para que la persona con TEA pueda utilizarlo fácilmente a diario. Los tipos de categorías que se pueden colocar en el PECS Libro son acciones, respuestas, los alimentos, las actividades y los colores. Se puede utilizar cualquier cosa que pueda ser importante para ayudar al individuo con TEA con habilidades sociales y de comunicación.

V ayudas visual ayudan al individuo ASD entender las peticiones de los demás están haciendo. Por lo general, cuando se usa este sistema PEC, el individuo con TEA solo debe tener dos opciones. Esto evitará que el individuo sea sobre estimulado. Demasiadas opciones los frustrarán.

The Talker (Versión electrónica)

La versión electrónica de PECS tiene muchas características. Las mismas categorías existen en ambas versiones, pero la versión electrónica permite que el individuo con TEA escuche lo que ha creado en cuanto a combinar palabras y frases para pedir deseos o responder. Por lo general, es una forma de tableta o iPad, que generalmente es efectiva para que la persona con TEA escuche lo que se solicita. Con suerte, imitarán las palabras que escuchan. Al escuchar sonidos y ruidos, el individuo con TEA aprenderá a usar el sistema. No hay un marco de tiempo establecido. Un s mientras el individuo está expuesto a TEA a través de la escuela, el hogar y el entorno comunitario, que se beneficiarán del sistema.

Importancia de las imágenes

Entendiendo que algunas personas con TEA no son verbales y no pueden cumplir con las directivas o instrucciones, hay formas de ayudarlo con su rutina diaria; rutina, horario, vidas y poder solicitar sus deseos o necesidades. Cree un horario desde el momento en que el individuo se despierta hasta el momento en que se acuesta. No use más de 3 palabras con una imagen para identificar; pasos que deben tomar diariamente o su rutina. A veces, un individuo se confundirá y desenfocará si hay un cambio, pero prepararlo para los cambios disminuirá la ansiedad y los comportamientos fuera de la tarea.

Las formas en que se puede crear una programación son las siguientes:

- Desayuno

- Cepillar los dientes

- Vestirse

- Mochila

- Chaqueta / Abrigo

- Autobús

- Colegio

- Juego gratis

- Desempaquetar la mochila

- Trabajo en clase

- Almuerzo

- Receso

Este es un ejemplo de en qué consistiría un horario diario. Para un uso más prolongado y la capacidad de reubicar el Horario u otras imágenes para las personas con TEA, se recomienda que lamine cada pieza y use Velcro en caso de que haya algún cambio en la rutina o el horario. El objetivo y la única forma de una respuesta exitosa de un individuo con TEA es prepararse con un cronograma, con un temporizador, así como recordarle o informar a esta persona de cualquier cambio que pueda ocurrir. Los elementos visuales se pueden colocar en todo el entorno académico o educativo y el entorno del hogar, para que este individuo con TEA pueda estar al tanto; expectativas, límites, así como comprender los cambios si hay alguno que pueda ocurrir.

Capítulo 13
Escenarios / estudios de caso 1
"Estudiante elemental agresivo no verbal / físico"

Brennan es de diez años - de edad, los niños hispanos, no verbal diagnosticado con TEA, TDAH, retraso del desarrollo, así como trastorno de estrés postraumático. Brennan fue abusado sexualmente por su padrastro. El abusador fue retirado de la casa cuando el niño tenía cinco años. Brennan sufrió lesiones cerebrales y fue hospitalizado durante tres semanas. Brennan continúa luchando con la auto - expresión, incluso con el uso de gestos. La única forma en que Brennan puede comunicarse es con unos pocos gestos. Atrae a las personas a dónde quiere ir y usa palabras simples como " hola " o " adiós " cuando saluda. Él dice " correr " cuando está listo para un descanso.

Brennan tiene un 8 - año - vieja hermana, que es un chico normal sin un diagnóstico. Brennan no tiene interacciones con su hermano, aunque se le anima a cumplir y relacionarse con los demás.

Brennan es un 4 - estudiante de grado inscrito en el TEA clase, que muy es la adecuada a la conducta y académicos de Brennan. Brennan recibe una variedad de servicios adicionales en la escuela basados en su IEP. Los otros servicios son terapia ocupacional, del habla y del lenguaje y física. Todos los servicios se brindan durante treinta minutos una vez cada seis días. Brennan también recibe servicios integrales con un BSC. BSC comparte habilidades y estrategias e intervenciones apropiadas con el equipo, el personal de la escuela y la familia para que todos puedan estar en la misma página.

Brennan funciona como un 4 - años - de edad y tiene un coeficiente intelectual de 76. Será evaluado nuevamente el próximo año durante su evaluación de tres años. Se fuga Brennan, vaga, se convierte en agresión física, y tiene rabietas y crisis que duran de veinte a más de cuarenta y cinco minutos. La desescalada es un proceso largo. Brennan tarda mucho en llegar a salvo. Se utilizan varias estrategias, como re direccionar, incitar, ejercicios de respiración profunda y habilidades de auto - calma, para calmarlo. Una vez que Brennan muestra comportamientos seguros y en la tarea, puede tomar un descanso durante diez minutos y luego se le anima a completar la tarea no preferida que evitó anteriormente.

El personal está trabajando con Brennan para relacionarse con sus compañeros, lo cual se niega a hacer. Brennan prefiere quedarse solo y disfruta jugando solo. Cuando se alienta a otros niños a interactuar con Brennan, él huye de ellos. Brennan tiende a volverse físicamente agresivo cuando se lo obliga a hacer algo que no quiere hacer.

Comentarios / recomendaciones: Usar un elemento preferido o de afrontamiento para ayudar a Brennan con las transiciones y relacionarse con otros sería una buena manera de ayudarlo con estos desafíos.

Implementar imágenes o PECS sería beneficioso para Brennan. Usar una recompensa como incentivo podría ayudarlo a aprender a interactuar con los demás. A Brennan solo se le deben ofrecer dos opciones para obtener una recompensa que se ha ganado. Se frustrará si hay demasiadas opciones. A Brennan se le debe mostrar el incentivo elegido y se le deben dar de tres a cinco positivos que se obtienen. Aprenderá que interactuar con otros y completar solicitudes le otorgará la recompensa.

Escenarios / estudios de caso 2
"Altamente Funcional / Aspergeros Verbal Mide Escuela Díaz Hijo"

Khalid es un 12 - año - , niño verbal de edad afroamericano diagnosticado con TEA, Asperger's, y el TDAH, debido a su moderada a niveles graves de comportamiento hiperactivo e impulsivo. Khalid reside con su madre biológica y es el único hijo en su lado materno. Aunque Khalid no vive con su padre, está muy involucrado en la vida de Khalid. Khalid se considera un Asperger c ase ya que muestra la falta de habilidades sociales y tiene el reto de comportamientos no verbales , tales como el contacto visual y las expresiones faciales, falta de coordinación, preocupaciones y rutinas rígidas, conductas repetitivas y erráticos, falta de emoción, y la falta de comportamientos cognitivos. Khalid puede ser muy sociable y es capaz de mantener una conversación apropiada con muchas oraciones exitosas. Sin embargo, lucha por organizar sus pensamientos.

Khalid es el único hijo del lado de su madre, pero su padre biológico tiene otros dos hijos. Sus Siblin g s son un 7 - año - hermano de edad y un 3 - año - hermana de edad. Khalid está muy conectado y unido con sus hermanos y recibe el apoyo y el amor de su padre. Su padre está muy involucrado en IEP m EUNIONES, reuniones regulares, conferencias, y cualquier otra cosa que se le exigen.

Khalid es un 6 ˙ - estudiante de grado inscrito en la configuración Itinerante para la Educación Especial y se acerca a nivel de grado académico. Él está casi en un 5 ˙ - lectura del grado y nivel matemático. Khalid transición s t o el aula de educación regular para el 65% de su jornada escolar y recibe alrededor del 35% en el entorno de educación especial por sus IEP / NOREP r as recomendaciones y resultados. La clase de Khalid no era apropiada anteriormente porque necesitaba apoyo adicional en ciertas áreas. Khalid tenía dos otros IEP r as recomendaciones, y sus IEP g etas y objetivos han cambiado un par de veces. La escuela está notando un cambio con la caligrafía de Khalid y el agarre del utensilio de escritura. Sienten que se necesita una evaluación adicional. El personal de la escuela tiene la esperanza de Khalid recibirá ocupacional y física terapia para ayudar con sus deficiencias y los comportamientos desafiantes. Khalid recibe servicios integrales , que son un especialista en comportamiento con licencia por tres horas y un terapeuta móvil por dos horas por semana por cada servicio utilizado. El BSC trabaja en habilidades de enseñanza y estrategias apropiadas para la escuela, así como también modelando comportamientos apropiados para Khalid. Cuando muestra comportamientos no conformes, desafiantes, inseguros o físicamente agresivos, puede experimentar una crisis que puede durar treinta minutos.

Khalid fue hospitalizado en un paciente hospitalizado psiquiátrico hospital cuando tenía 8 - año - viejo para ser extremadamente agresivo y su incapacidad para controlar su comportamiento. Khalid ingresó y permaneció en el hospital durante dos semanas para completar las evaluaciones y determinar qué desencadenantes ocurrieron. La desescalada lleva mucho tiempo después de que Khalid se vuelve severamente emocional. Los comportamientos emocionales se pueden controlar después de la redirección, se implementan ejercicios de respiración profunda y estrategias de resolución de problemas para ayudar con los comportamientos hiperactivos e impulsivos. Una vez que

Khalid se calma, disminuye sus reacciones emocionales y muestra un comportamiento seguro, puede tomarse un descanso de diez a quince minutos hablando con un miembro del personal del hospital con el que se siente cómodo. Puede abrirse y expresar sus pensamientos y sentimientos y, con suerte, utilizar las estrategias de resolución de problemas la próxima vez.

El personal trabaja muy de cerca con Khalid para asegurar un comportamiento seguro y le ayuda en el control de su comportamiento impulsivo e hiperactivo. Khalid se niega a completar tareas a veces, en lugar de elegir entretener y montar un espectáculo para otros. A veces, Khalid interactúa y se acerca a los demás para poder conversar e interactuar con los demás, y otras veces, le gusta jugar solo.

Comentarios / Recomendaciones: El refuerzo positivo es una estrategia que se puede utilizar con éxito. Uso de la carta Comportamiento Base escuela es apropiado, ya que Khalid es un alto - el funcionamiento del niño TEA que entiende las expectativas y consecuencias. Si Khalid tiene dificultades y necesita algunos ajustes menores con la tabla de comportamiento escolar actual, el BSC y la escuela pueden trabajar estrechamente para realizar cambios que sean efectivos y eficientes para sus objetivos actuales y su rutina diaria.

Escenarios / estudios de caso 3
"Estudiante de secundaria de alto funcionamiento
~ Desafiando con proximidad y límites"

Mack es un 18 - año - caucásica de edad, adulto joven verbal diagnosticado con TEA y ODD debido a su moderada a graves niveles de hiperactivo, impulsivo, y el comportamiento desafiante él exhibe durante todo el día.

Mack reside con sus padres y hermanos biológicos, quienes están muy involucrados en la vida diaria y el tratamiento de Mack. Se alienta a Mack a participar en actividades y programas recreativos, en los que invierte su familia. A Mack generalmente le gusta jugar fútbol y baloncesto, lo que le permite quemar la energía que se acumula dentro de él. Su equipo de atención lo alienta a deshacerse de esa energía. 15 de Mack - año - vieja hermana, Katie, está en la secundaria, y su 21 - año - viejo hermano, Russell, completará la universidad el próximo año. Ambos hermanos juegan papeles importantes en la vida de Mack y se les anima a pasar tiempo con él regularmente, lo que lo ayudará a mostrar un comportamiento apropiado.

Mack es un alto - funcionamiento adulto joven inscrito en una escuela privada para ayudar con sus graves niveles de comportamientos agresivos, lenguaje inapropiado, errante, y cruzar fronteras. El distrito de origen de Mack no pudo ayudar con las necesidades de Mack en el entorno escolar. Mack ha cumplido todos sus hitos del desarrollo a tiempo. Mack estaba sentado a los seis meses, gateando a los siete meses, caminando a un año de edad, hablando cuando tenía dos años y entrenado para ir al baño a los tres años.

Mack lucha con las habilidades sociales apropiadas y usa malas palabras inapropiadamente. Mack no muestra estas habilidades sociales intencionalmente, pero repite cosas que se escucharon anteriormente. Mack puede expresar sus pensamientos y sentimientos usando oraciones exitosas. Es muy sociable y puede mantener una conversación apropiada con muchas oraciones exitosas. Mack tiene el reto de organizar sus pensamientos a medida que se hablan, sobre todo cuando está apagado - tema.

Mack es un 12 °- estudiante de grado en una escuela privada. De acuerdo con la Ley IDEA y debido a la colocación actual de Mack, es elegible para recibir tres años adicionales de educación para prepararlo para la vida adulta después de la graduación. Mack no se acerca académicamente al nivel de grado; que está casi en un 3 rd- lectura del grado y 2 nd- nivel matemático grado. Mack tiene IEP / NOREP r as recomendaciones y resultados. Su ubicación actual es muy apropiada para él. IEP de Mack g etas y objetivos consisten en habilidades sociales, la concentración, y mantenerse dentro adecuados límites y de proximidad. Mack se preocupa y se fija en ciertas cosas y personas, y luego reacciona con un comportamiento hiperactivo. Mack recibe ocupacionales y físicos terapias para ayudar con sus deficiencias y los comportamientos problemáticos. Mack también está inscrito en un programa basado en la comunidad que ofrece la escuela que proporciona apoyo ingenio h trabajo en equipo, trabajo en equipo, las habilidades sociales, la participación, el compromiso, la programación, saludo, las expectativas, el aprendizaje de la comunidad, y las habilidades de trabajo. Mack recibe servicios integrales con un especialista en comportamiento con licencia durante tres horas y un trabajador de TSS en el hogar durante ocho horas a la semana. El BSC trabaja en habilidades de enseñanza y estrategias apropiadas para la escuela y modela comportamientos apropiados para Mack, alentándolo a permanecer cerca y en los límites. El TSS Worker en el entorno del hogar se enfoca en los límites, redirigiendo y ayudando con preocupaciones y fijaciones con personas o cosas.

Durante el IEP m REUNIÓN, BSC hizo algunas preguntas sobre el futuro de Mack y los últimos tres años en la escuela privada. BSC preguntó acerca de OVR (Oficina de Rehabilitación Vocacional) y de preparar a Mack para el empleo cuando se gradúe de la escuela secundaria en tres años. Junto con ese servicio, BSC preguntó acerca de IDS (Servicios de discapacidad intelectual) para ayudar con apoyo adicional en la comunidad que ayuda con la salud del comportamiento y la preparación de adultos.

El personal trabaja con Mack para ayudarlo con la transición y asegurarse de que se relacione adecuadamente con los demás. Durante los días más desafiantes de Mack, puede requerir apoyo individual para ayudarlo con un día escolar exitoso, especialmente cuando está en transición o interactuando con sus compañeros, debido a sus severos niveles de comportamientos hiperactivos y agresivos.

Retroalimentación / Recomendaciones: Llevar un d ata t racker ayudará a los padres y cuidadores prepararse para una FBA u otra reunión observación. Es importante realizar un seguimiento de los comportamientos, objetivos y comportamientos actuales de reemplazo para que todos conozcan la frecuencia, intensidad y duración de cada comportamiento o evento relacionado. El refuerzo positivo es una estrategia que puede ser exitosa. Redirecciones son imprescindibles, especialmente cuando Mack es cruzar fronteras, utiliza un lenguaje ofensivo, o está fuera - tema.

Mi viaje colaborador
Resultados y atributosprofesionales

Este ha sido un viaje muy desafiante, positivo, educativo, paciente, pero lo más importante, una bendición. Estoy agradecido de tener casi 20 años de experiencia en el campo de servicios humanos, que 11 años dedicó como especialista en comportamiento con licencia; especializada en el trastorno del espectro autista.

Al principio, cuando escuché el término autismo, no sabía qué pensar. Había tantos argumentos y opiniones diferentes que escuché como; "Es ambiental", "es genético" o "es el resultado de las inmunizaciones". No importa lo que escuché, me encargué de aprender sobre ASD, también conocido como trastorno del espectro autista, con formas de involucrar diferentes estrategias y herramientas, sin pensar en cómo comenzó.

Como todos los demás, tengo una misión. Mi misión es utilizar siempre las estrategias apropiadas cuando me dedique a los casos individuales a los que me dediqué o soy responsable. Junto con eso, mi misión es ayudar a muchos; cuidadores y / o profesionales con el apoyo en la creación de Programas de Comportamiento o Programación Visual para estas personas con TEA. Estos programas servirán como una herramienta que él / ella puede usar en todo momento.

Al trabajar con más de 40 individuos autistas de 2 años a 21 años, noté que todos son diferentes y requieren diferentes necesidades. Puedes asumir que un individuo es el mismo, pero adivina qué, ¡estás equivocado! Algunos son similares pero nunca iguales. Hay diferentes; niveles, comportamientos, patrones de comportamiento, necesidades sensoriales, niveles de habilidades sociales, habilidades de afrontamiento necesarias, estrategias e intervenciones requeridas, y más. Con cada elemento mencionado, hay diferentes niveles (frecuencia, duración e intensidad) de cada comportamiento mencionado anteriormente. Les recuerdo a los cuidadores y tutores que no pueden comparar su descendencia con TEA con otra descendencia, familiar o amigo. Todos los individuos son diferentes, y conocerlo es el tratamiento más efectivo que pueden recibir y beneficiarse.

He trabajado con todos los niveles de personas con TEA. Aproximadamente el 60% de la población tiene una capacidad no verbal o limitada para formar palabras o frases, aproximadamente el 15% de la población con habilidades sociales limitadas para poder verbalizar, pero tartamudea y se atasca en palabras específicas que está tratando de expresar o autorregularse, y alrededor del 25% de la población es altamente funcional y capaz de mantener una conversación excelente, apropiada y eficiente. No importa en qué nivel se encuentre o esté actualmente el individuo con TEA, siempre he hecho imágenes para ayudarlo con el pensamiento cognitivo y el procesamiento sensorial en un horario, pudiendo solicitar deseos y necesidades, así como las imágenes que sirven como recordatorio de las expectativas diarias

Para resumir los antecedentes profesionales de mis últimos 11 años como especialista en comportamiento con licencia, como profesional, me gustaría recordarles a otros profesionales que; tenemos que alentar, individualizar los planes para cada persona con TEA, crear programas, seguir objetivos, así como comunicarnos y ser pacientes porque todos somos diferentes y tenemos un propósito.

Atributos personales

Al principio, escribiendo este libro durante muchos años y asegurándome de que todo estuviera lo suficientemente detallado para que el lector lo entendiera, no quería usar muchos términos clínicos. En cambio, creé una Página de Términos y Definición, en la parte posterior del libro para una mejor comprensión de algunos de los términos, que un padre puede encontrar, que se utiliza en todo el libro.

Cuando comencé a escribir este libro, me enfoqué en el aspecto profesional del TEA (Trastorno del espectro autista), ya que no podía comparar ni comprender que existía una discrepancia; ser profesional y criar y residir con un individuo con TEA.

En 2017, cuando a mi hijo menor le diagnosticaron TEA (trastorno del espectro autista), me ubicó en un lugar diferente, que para mí era un lugar más apropiado y comprensivo como madre. Pensaba como un profesional qué cosas necesarias para ser el trabajo con los individuos que he creado planes de tratamiento y funcionales evaluaciones conductuales para, pero en realidad nunca podría relacionarse con esos padres, antes de eso.

Mis primeros signos y observaciones. Cuando Tyler tenía unos 13 meses, noté que sucedían muchas cosas sensoriales con Tyler como; movimiento constante en lugares preferidos, preocuparse por objetos específicos, mirar lámparas y ventiladores de techo siguiéndolos con los ojos; no su cabeza, escupiendo, caminando de puntillas, etc. Pensé para mí mismo: "No, no asumiré y diagnosticaré a Tyler, sin embargo, observaré sus hitos y niveles de desarrollo". Quería rastrear estos comportamientos para ver si cambiarían (progresar, retroceder o convertirse en una preocupación), pero siguieron siendo los mismos.

Ser profesional no es ético ni apropiado diagnosticar a tu descendencia. La razón es que a veces los padres pueden estar demasiado concentrados y preocupados, diagnosticar mal o pasar por alto las cosas, por lo que se recomienda que contrate a un profesional para que lo ayude. Tyler tenía alrededor de 2 años y medio cuando le diagnosticaron un trastorno del espectro autista. Tyler recibió servicios de intervención temprana (terapia ocupacional, fisioterapia y habla y lenguaje) que fueron muy útiles. Cuando Tyler cumplió 3 años, sus servicios se trasladaron a la Unidad Intermedia del Condado de Montgomery en la que recibió los mismos servicios, pero con diferentes objetivos en los que concentrarse. A la edad de 4 años, Tyler se inscribió en un entorno de clase de retraso de desarrollo de medio día en ese momento. Tyler disfrutaba de su escuela. Una vez que Tyler se estaba acercando a los 4 años y medio de edad, se transfirió a un programa diferente que lo ayudaría con sus necesidades y disminuiría su fuga.

Con todos los comportamientos de Tyler, consistían en; agresión, fuera de la tarea, hiperactivo, ansioso, errante, inseguro (escalar y saltar), así como fugarse. Tyler fue definitivamente un buen corredor. Tyler comenzó no verbal, pero ahora está tratando de usar una palabra; aquí y allá. Tyler usa PECS y un Talker para comunicar sus deseos y necesidades. Tyler comprende todo lo que se dice, pero trata de ignorarlo y terminar con una sonrisa. Las estrategias que son más efectivas con Tyler son la redirección, el uso de un elemento de afrontamiento para ayudarlo con la transición o el cumplimiento, así como la ignorancia planificada debido a los severos niveles de comportamiento de búsqueda de atención que exhibe. Como madre de un niño con TEA, tuve que crear muchos horarios para Tyler; comiendo, jugando y durmiendo. Sin un cronograma establecido, Tyler estaría fuera de tarea e incontrolable.

Conclusión

¿Alguna vez habrá una cura para el autismo? ¿Continuarán los padres implementando una variedad de estrategias e intervenciones con el individuo diagnosticado con esta excepcionalidad, para ayudarlo y apoyarlo con los requisitos diarios? ¿Continuarán los profesionales trabajando en red e investigando una variedad de programas para individuos que están en el espectro ASD? ¿Los cuidadores garantizarán recomendaciones apropiadas y seguras que se centren en los objetivos, al tiempo que se relacionan con otros cuidadores con respecto a las personas en el espectro ASD?

Como madre de un hijo de ASD se diagnostica en la edad de dos años, que, junto con mi familia, he construido una conexión, con el apoyo, creado, puente lagunas, así como se muestra patéense , mientras que el aprendizaje de la vida de un individuo TEA. Ha sido a la vez lento y educativo. La experiencia práctica nos ha hecho sentir cómodos con las estrategias que usamos en el hogar. Creemos que Tyler tendrá éxito siempre que comprenda sus expectativas, límites y consecuencias, como si fuera un niño promedio.

Trabajar con personas con TEA como un especialista en comportamiento con licencia durante los últimos once años ha sido un viaje gratificante. No lo cambiaría por nada del mundo. No importa cómo muchos comportamientos y objetivos similares cada individuo tiene ASD, siguen siendo individuos y requiere una conducta plano creados especialmente para ellos. La idoneidad del plan de tratamiento determinará el éxito del individuo.

Como un profesional que trabaja con personas con TEA y siendo una madre de un individuo ASD, he aprendido a ayudar a estas personas mediante la creación de efectos visuales y PECS, la transferencia de habilidades, que aplican las estrategias adecuadas, y que ofrecen apoyo a la ayuda con todos los individuos.

Si desea obtener más información sobre el autor, tanto a nivel personal o profesional, puede hacerlo poniéndose en contacto o después de ella en:

Ericka Wharton, MS; LBS

Correo electrónico: autisticallyawesome@yahoo.com
Sitio web: https://www.autisticallyawesome.net

Instagram: autisticallyawesome_

Facebook: increíblemente impresionante

Apéndice
Términos / definiciones importantes

A continuación encontrará términos importantes asociados con personas a las que se les diagnostica TEA. Es importante entender lo que significa cada palabra.

Antecedentes: un desencadenante o algo que provoca que un individuo exhiba un comportamiento específico que puede causar daño.

ASD: el trastorno del espectro autista es una excepcionalidad que a las personas se les diagnostica cuando carecen de habilidades sociales y tienen problemas sensoriales.

Asperger: un alto nivel de trastorno del espectro autista cuando el individuo puede funcionar como un individuo típico; un individuo que está en el nivel más alto de ASD.

Afrontamiento: un elemento o estrategia de confort que se utiliza d para ayudar a un individuo a mantenerse tranquilo y relajado.

De escalamiento: un proceso en el que un individuo se escala significativamente con múltiples intentos de calmarlo con estrategias apropiadas y efectivas. Hay un proceso para usar, que este individuo tendrá que comprender las expectativas, el plan de acción y la seguridad.

Excepcional: otro término utilizado para un individuo diagnosticado con una discapacidad de salud mental.

Funcionamiento ejecutivo: la forma en que un individuo muestra los procesos de pensamiento cognitivo, que es el control de los comportamientos.

FBA (Funcional Behavioral Assessment): una evaluación que se completa durante un período de tiempo para recopilar datos sobre los comportamientos de un individuo. Se recopilan los datos y se implementan estrategias de reemplazo para ayudar a las personas con el tratamiento adecuado.

IEP: el plan educativo individualizado consta de metas, objetivos, el coeficiente intelectual y evaluaciones que se utilizaron para recopilar datos. El IEP es un documento respetuoso de la ley que permite que una persona que requiera servicios educativos especiales vea para qué servicios está aprobada la persona en función de las evaluaciones administradas.

NOREP (Aviso de la Recomendación de la Colocación) - Th e parte del IEP m REUNIÓN / revise que suele ser la última cosa amueblada. Esta recopilación de datos muestra si un individuo está retrocediendo o no en la ubicación académica actual. Este NOREP se firma si el cuidador aprueba el entorno y muestra cuál es la recomendación actual para el entorno educativo que se requiere para el alumno. Se determina si necesitan un cambio o si van a permanecer donde se encuentran colocados.

No - Preferencia - no - preferido es un término clínico utilizado para cuando hay tareas o instrucciones que un individuo particular no quiere hacer o seguir.

PECS (Sistema de intercambio de imágenes): este sistema está creado para las personas con ASD no verbal que se enfrentan con habilidades sociales. PECS permite que una persona se comunique a través de imágenes e imágenes para que se puedan realizar sus solicitudes según sus deseos y necesidades.

Preferido: Preferido se utiliza para un elemento o tarea favorita.

Preocupación: estar obsesionado y enfocado en una cosa o persona específica durante un período prolongado de tiempo.

Proximidad - Un tro de los límites de la palabra para ayudar a una persona con la comprensión y siendo conscientes de los límites personales y respetar a los demás ' espacios personales.

Sensorial: la sensación que un individuo recibe a través de los sentidos físicos, como tocar, oír, ver, saborear y oler.

Estrategias / Intervenciones: las estrategias se utilizan para apoyar y ayudar a un individuo con las transiciones, siguiendo las instrucciones y para garantizar la seguridad.

Referencias

Michelson Medical Research Foundation / Groundwork / Autism Breakthrough / Autism and the Brain (Diagram) 2012

www.pattenpublications.com

www.pattan.net

https://www.autism.com/atec . Lista de verificación de evaluación del tratamiento del autismo (ATEC)

Bernard Rimland, Ph.D. Y Stephen M. Edelson, Ph.D.
Instituto de Investigación del Autismo | 4182 Adams Avenue,

San Diego, CA 92116 EE. UU.

Revista de Neuropsicología del Desarrollo. Vol. 33, 2008. Número: 3. Habilidad, rendimiento y logros matemáticos.

DSM IV (Manual diagnóstico y estadístico. (2000).

DSM V (Manual de diagnóstico y estadística. (2013).

Dedicación

Este libro está dedicado a mis cinco hijos: Carmelo, Cara, Carly, Ty y, especialmente, Tyler, que fue diagnosticado a la edad de dos años con TEA y TDAH. Mis otros cuatro hijos han sido extremadamente pacientes y amorosos con Tyler. Han llegado a comprender y aprender sobre este trastorno y qué efecto tiene sobre Tyler. Todos ellos tienen una profunda compasión por su hermano menor. Mis hijos han aprendido mucho de mí al transferir diferentes habilidades y estrategias para usar con su hermano. Tyler les ha dado a mis hijos la oportunidad de comprender la importancia del término clave "PACIENCIA" cuando se trata de aprender y descubrir un enfoque alternativo y estrategias efectivas en el hogar y la comunidad que sean útiles para la vida cotidiana de Tyler.

A medida que pase el tiempo, su educación y conciencia sobre ASD mejorarán y progresarán. Mis hijos comprenderán que aprender algo nuevo todos los días es una ventaja, que esta es una experiencia de aprendizaje interminable para Tyler a medida que crece.

www.ingramcontent.com/pod-product-compliance
Lightning Source LLC
Chambersburg PA
CBHW042116100526
44587CB00025B/4071